우리에게는 매일 철학이 필요하다

지은이 **피터 홀린스**

미국에서 가장 주목받는 심리학자이자 베스트셀러 작가. 심리학 학사 및 석사 학위를 보유하고 있으며, 오랜 심리학 상담을 토대로 '인간이란 어떤 존재인가'에 대해 깊이 탐구하고 있다. 내면으로부터 삶을 변화시킬 수 있는 자기계발 저술과 연구를 꾸준히 이어가며, 최근에는 교육 심리학·뇌과학 등으로 연구, 집필 분야를 확장해 더욱 많은 독자와 만나고 있다. 대표작으로는 《나태한 완벽주의자》《혼자 있고 싶은데 외로운 건 싫어》《자제력 수업》《어웨이크》《누구에게나 계획은 있다》 등이 있으며, 이들 작품을 통해 실질적인 내면의 변화를 이끌어내는 통찰을 제시하고 있다.

옮긴이 **김고명**

원문의 결과 우리말의 멋이 공존하는 문장을 찾는 번역가. 성균관대학교에서 영문학과 경영학을, 동대학원에서 번역학을 전공했다. 글밥아카데미에서 번역 실무 교육을 받은 후 바른번역 소속 번역가로 활동하며 《리스크테이커》《AI 이후의 세계》《배움의 기쁨》 등 약 50권을 번역하고 에세이 《좋아하는 일을 끝까지 해보고 싶습니다》를 썼다.

Philosopher's Mental Models

Copyright ⓒ 2024 by Peter Hollins
All rights reserved.
Korean translation rights arranged with PKCS Mind Inc.
through TLL Literary Agency and Danny Hong Agency.

이 책의 한국어판 저작권은 대니홍 에이전시를 통한
저작권사와의 독점 계약으로 (주)부키에 있습니다.
신저작권법에 의해 한국 내에서 보호를 받는 저작물이므로
무단전재와 복제를 금합니다.

우리에게는 내일
철학이 필요하다

○
○

니체, 노자, 데카르트의 생각법이
오늘 내 고민에 답이 되는 순간

피터 홀린스 지음
김고명 옮김

부·키

우리에게는 매일 철학이 필요하다

초판 1쇄 발행 2025년 12월 3일

지은이 피터 홀린스
옮긴이 김고명
발행인 박윤우
편집 김유진 박영서 박혜민 백은영 성한경 유소영 장미숙
홍보 마케팅 박서연 정미진 정시원 조아현 함석영
디자인 박아형 이세연
경영지원 이지영 주진호
발행처 부키(주)
출판신고 2012년 9월 27일
주소 서울시 마포구 양화로 125 경남관광빌딩 7층
전화 02-325-0846 **팩스** 02-325-0841
이메일 webmaster@bookie.co.kr
ISBN 979-11-93528-95-2 03100

잘못된 책은 구입하신 서점에서 바꿔드립니다.

만든 사람들
편집 백은영 디자인 박아형

목차

프롤로그 9

1장

철학자의 사고모델 첫 번째
지성적인 결정

집을 살지 말지 고민될 때
데카르트처럼 의심하기 · 17

연인에게서 연락이 없을 때
오컴의 윌리엄처럼 단순하게 생각하기 · 31

내가 진짜 중요하게 생각하는 게 뭔지 알고 싶을 때
벤다이어그램 · 43

2장

철학자의 사고모델 두 번째
윤리적인 결정

옆자리 동료가 싫을 때
불교 업의 법칙 · 67

노력하는 것도 지칠 때
노자처럼 무위를 따르기 · 80

예전의 나를 완전히 바꾸고 싶을 때
체스터턴의 울타리를 생각하기 · 92

3장

•

철학자의 사고모델 세 번째
장기적 의미의 결정

인생의 의미를 모르겠을 때
니체처럼 '아모르 파티' · 111

꿈을 위해 퇴사해야 할지 갈등될 때
파스칼처럼 베팅하기 · 121

불가능해 보이는 일에 도전할 때
초심으로 바라보기 · 133

4장

•

철학자의 사고모델 네 번째
일단 행동하겠다는 결정

PT 등록하고 영양제 사기 전에
나쁜 습관부터 끊기 '비아 네가티바' · 151

이별이 고민될 때
코르지브스키처럼 왜곡된 지도 버리기 · 161

고민만 하다가 하루가 다 갔을 때
뷔리당처럼 어떤 선택이든 해보기 · 172

5장

철학자의 사고모델 다섯 번째
미지수를 수용하는 결정

아이를 낳아야 할까? 선택이 두려울 때
뱀파이어 비유 · 191

결혼이 망설여질 때
키르케고르처럼 믿음의 도약하기 · 199

내가 아는 세계만이 정답인 것 같을 때
플라톤처럼 동굴에서 나오기 · 210

에필로그 223

프롤로그

:

"선택은 운명의 경첩이다."

에드윈 마컴 Edwin Markham

인생의 성공 요인은 무엇일까요?

행운? 유전자? 양육? 노력? 기질? 어떤 사람은 태어날 때부터 복이란 복과 기회란 기회는 다 타고난 것 같은데도 성공하지 못합니다. 또 어떤 사람은 그야말로 빈손으로 태어난 것 같은데도 예상을 뛰어넘는 위업을 달성합니다. 왜 그럴까요?

많은 사람이 간과하지만, 인생을 잘 살기 위해서는 의사결정과 문제 해결 능력이 무엇보다 중요합니다. 누구나 살면서 크고 작은 문제를 끊임없이 겪는데, 누군가는 큰 문제도 현명하게 해결해나가는 반면 누군가는 작은 문제에 매달려 갈팡질팡합니다.

어떻게 보면 우리는 모두 무시무시한 자유의 저주에 걸려 있습니다. 매 순간 우리 앞에 무수한 갈림길이 펼쳐지고 어떤 길을 선택하든 또다시 선택의 갈림길에 서는 게 우리네 인생입니다. 이 미로를 어떻게 헤쳐나가야 할까요?

극기심이나 회복력처럼 긍정적 성향을 키우는 방법도 있고 낮은 자존감이나 미루는 습관처럼 부정적 성향을 개선하는 방법도 있습니다. 모두 좋습니다. 하지만 이 책에서는 의사 결정에 초점을 맞춰서 어떻게 하면 더 현명한 선택을 할 수 있는지, 그리고 왜 그런 능력이 성공과 행복에 크나큰 영향을 미치는지 알아보려 합니다.

좀 더 구체적으로 말하자면 이제부터 우리는 다양한 사고모델(mental model, 복잡한 현실을 이해하기 위해 사용하는 인지적 해석틀·옮긴이)을 살펴보며 자유의지, 선택, 지식을 논할 것입니다. 그중에서 최고의 모델이 무엇이냐고요? 그게 바로 문제입니다. 모든 모델이 나름의 쓸모가 있거든요. 그래서 우리는 의사 결정이란 측면에서 각 모델을 분석하면서 그때그때 적절히 생각의 모드를 전환하는 방법을 배울 것입니다.

그러니까 이 책은 일종의 현미경이라고 생각하면 좋겠습니다. 현미경에는 회전식 '대물렌즈'가 달려서 배율을 바꿔가며 슬라이드를 들여다볼 수 있습니다. 그래서 다양한 차원에서 시료를 관찰하는 게 가능합니다. 어떤 렌즈를 쓸 때는 흐릿하고 심심해 보이던 시료가 다른 렌즈로 보면 별안간 또렷하고 흥미롭게 보입니다.

이 책의 각 단락을 읽으면서 각 모델이 여러분의 삶에서 마주하는 크고 작은 문제와 상황을 관찰하는 렌즈라고 생각하면 좋겠습니다. 어떤 렌즈는 미세한 부분을 확대해서 보여줍니다. 또 어떤 렌즈는 더 넓은 시야로 전체를 볼 수 있게 합니다. 어떤 렌즈는 도덕과 지혜라는 측면을 강조합니다. 또 어떤 렌즈는 효용, 논리, 현실성에 초점을 맞춥니다. 실제 현미경이 그렇듯이 렌즈를 바꾸다 보면 '아, 이거다!' 싶은 순간이 찾아올 수 있습니다.

단, 모든 사고모델이 모든 상황에 의미가 있거나 적용할 수 있는 건 아닙니다. 그럼에도 마음을 열고 호기심을 발휘해 평소와 전혀 다른 관점으로 문제를 본다면 혹시 아나요, 놀라운 것이 드러날지!

1장

·

Philosopher's Mental Models

철학자의 사고모델 첫 번째

지성적인 결정

Descartes

○

Ockham's Razor

○

Venn diagram

우리는 하루에도 수많은 갈림길 앞에 섭니다. 때로는 깊이 고민한 끝에, 때로는 망설임 없이 발걸음을 옮기지만 모든 선택이 온전히 이성적이고 타당하다고 말할 수 있을까요? 감정과 직관은 중요한 자산이지만 그것만으로는 복잡한 현실의 문제를 꿰뚫기 어렵습니다.

이 장에서는 사유를 더욱 단단하게 만드는 세 가지 도구를 살펴봅니다. 데카르트의 의심하고 검증하는 태도는 사물의 본질을 끝까지 파고드는 힘을 줍니다. 오컴의 면도날은 복잡하게 얽힌 상황에서 불필요한 요소를 과감히 덜어내도록 이끕니다. 또한 벤다이어그램은 내가 진짜 원하는 것을 찾기 위한 유용한 도구가 될 수 있습니다. 특히 수지 웰치의 '운명의 영역' 벤다이어그램은 내가 잘하는 것, 내가 사랑하는 것, 그리고 세상이 필요로 하는 것의 교차점을 찾아줍니다. 이 세 가지 사유의 렌즈를 통해 우리는 일상의 사소한 선택이나 인생이 걸린 중요한 결정 앞에서 이전보다 더 명료한 판단력을 갖게 될 것입니다.

집을 살지 말지 고민될 때

✢

데카르트처럼
의심하기

"상식은 세상에서 가장 잘 분배된 재화다.
모든 사람이 스스로 상식이 충분하다고 믿지 않는가."
르네 데카르트

데카르트는 사람에 따라 가장 위대한 근대 철학자로 꼽기도 할 만큼 중요한 철학자입니다. 그의 코기토 에르고 숨(cogito ergo sum, 나는 생각한다, 고로 나는 존재한다)은 아마 못 들어본 사람을 찾기가 어려울 것입니다. 데카르트는 '앎'을 열심히 탐구했습니다. 즉, 우리가 진정으로, 완전히, 합리적으로 알 수 있는 것이 무엇인지 고민했습니다. 그가 연구한 인식론은 지식의 본질을 따지는 철학의 한 분파입니다. 예를 들면 이런 질문을 던집니다.

- 지식은 어디서 비롯되는가?
- 어떻게 우리는 무엇을 안다고 말할 수 있고, 그 말의 진짜 의미는 무엇인가?
- 내가 어떤 것을 진실이라고 인식한다면 그것이 진실이 되는가?
- 신념은 무엇인가? 신념은 지식, 진실, 습관, 인식, 합리화와 어떻게 다른가?
- 객관적 진실에 최대한 가깝게 다가가고 싶다면 어떤 근본적 신념에서 출발해야 하는가?

1600년대를 살았던 데카르트는 논리학과 수학의 영향을 많이 받았고 그의 방법론은 이전의 유럽 철학자들과 뚜렷이 달랐습니다. 그는 아무것도 당연하게 여기지 않고 '백지상태'에서 생각하기를 권했습니다. 다시 말해 정확하고 명료하게 생각하고 싶다면 나쁜 토대(그리고 그 토대 위에 세워진 것)를 모조리 없애고 순수한 이성을 통해 스스로 도출한 명제들만 갖고 새롭게 시작해야 한다고 말했습니다. 데카르트를 기점으로 철학계 전반에 그 무엇도 당연하게 받아들이지 않는 태도가 형성됐습니다.

데카르트의 주 무기는 무엇이었을까요? 바로 의심이었

습니다. 그것은 정서적, 심리적 차원의 의심이 아니라 철학적, 인식론적 차원의 의심, 곧 모든 것에 질문을 던지는 태도였습니다. 데카르트는 의심을 통해 명료하게 사고할 때 정말로 믿어도 좋은 결론에 이를 수 있다고 봤습니다.

데카르트가 말한 '방법적 회의'는 간단히 말해 100퍼센트 확신할 수 없는 것은 모조리 거부하는 것입니다. 그의 대표적 명제인 코기토 에르고 숨은 오랜 숙고 끝에 도달한 결론이었습니다. 그는 누군가의 생각(혹은 경험, 질문, 의심)이라는 현상이 존재한다면 애초에 그런 정신 활동을 하는 그 '누군가'가 존재할 수밖에 없다고 추론했습니다.

모든 것을 철저히 의심하는 방법론에 따르면 우리가 인식하고, 생각하고, 믿는 것이 무조건 진실은 아닙니다. 하지만 그런 인식, 생각, 믿음이라는 현상 자체는 실재하므로 적어도 그 주체가 되는 의식은 존재해야 합니다. 그래서 데카르트는 자신이 실존한다고 결론 내릴 수 있었습니다.

사람들 대부분에게 데카르트의 사상이 그다지 획기적으로 다가오지는 않을 것입니다. 데카르트가 전파한 사고방식을 토대로 시작된 시대가 벌써 수백 년째 이어지고 있기 때문입니다. 요즘은 데카르트의 결론이 논리적으로 틀렸다고 보는 사람도 많습니다. 더 나아가 데카르트가 서양 사상계에 부정적 영향도 많이 미쳤고 특히 정신과 육체를 분리해서 보는 심신이원론의 폐해가 크다는 비판도 적잖이 나옵니다.

하지만 데카르트가 수백 년 전에 쓴 글에는 현대를 사는 우리가 더 현명한 결정을 내리기 위해, 더 넓게 보자면 더 나은 생각을 하기 위해 배워야 할 점이 분명히 있습니다. 그가 일으킨 인식론적 혁명의 수혜자로서 <u>우리는 그의 회의주의를 이용해 편견, 맹점, '상식적' 가정의 악영향을 상쇄할 수 있습니다.</u>

데카르트는 우리가 활용할 수 있는 세 가지 '성찰법'을 제시합니다. 사고 실험을 통한 논증이라고 해도 좋겠습니다. 물론 이 세 가지 역시 신중한 회의론을 통해 도출됐습니다.

우리의 감각은 가짜일 수도 있다

우리의 감각을 통해 들어오는 데이터를 신뢰해도 될까요? 그 데이터에 현실이 올바로 반영되어 있을까요? 데카르트는 '아닐 수도 있다'라고 말합니다. 이처럼 감각은 아주 조금이나마 의심의 여지가 존재하고, 그렇기에 지식을 확보하는 수단으로서 완전하지 않다고 지적합니다.

우리가 '아는' 것이 틀릴 수 있습니다. 예를 들면 착시에 빠진다든가, 술에 취해 착각한다든가, 정신 이상으로 헛것을 보고 들을 수 있습니다. 그럴 때 감각이 인지하는 것은 진짜 같은 '느낌'만 들 뿐 가짜입니다. 그래서 일반적으로 감각이 인지하는 것을 곧이곧대로 믿어서는 안 됩니다(적어도 진짜 현실을 알고 싶다면 그렇습니다).

꿈 가설

거기서 끝이 아닙니다. 데카르트는 감각만 믿을 수 없는 것이 아니라 우리가 무언가를 안다는 '생각'도 믿을 수 없다고 봤습니다. 가령 오늘이 화요일인 것을 '안다'고 말할 때 이 말은 오감에 의존하지 않고 내린 결론입니다. 그런데 만일 우리가 꿈을 꾸고 있다면 어떨까요? 꿈속에서 우리는 깨어 있을 때와 동일한 경험을 할 수 있습니다. 그러니까 우리가 꿈속에서 오늘이 화요일인 것을 안다고 믿을 뿐 실제로는 수요일일 수도 있는 것입니다. 꿈은 100퍼센트 비현실임에도 무척 현실적으로 느껴집니다. 그래서 데카르트는 뭔가를 '안다'는 생각 내지는 믿음 역시 우리를 속일 가능성이 있으므로 믿어서는 안 된다고 말합니다.

불완전한 창조주
(혹은 악랄한 천재) 가설

데카르트는 거기서 더 나아갑니다. 만일 어떤 전능한 존재가 현실을 지각하는 우리의 감각은 물론이고 의심의 여지가 없는 수학 법칙과 원리에 대한 감각마저 교묘하게 조작하고 있다면 어떻게 될까요? 데카르트의 시대에는 이런 가설이 신의 본질과 의도에 관한 논의로 이어졌지만, 현대인들은 그 대신 인위적으로 창조된 현실, 시뮬라크르(simulacre, 현실처럼 생생하게 느껴지는 가짜 현실·옮긴이), '통 속의 뇌' 시나리오(우리의 뇌가 사실은 몸이 아닌 통 속에 들어 있고 우리가 경험하는 현실은 컴퓨터가 뇌에 전달하는 신호에 대한 반응이라는 가설·옮긴이)를 생각할 수도 있을 것입니다.

지금 우리는 그 어느 때보다도 사적 이익을 위해 조작과 통제가 횡행하는 시대를 살고 있습니다. 현실을 똑바로 보지 못하게 방해하는 요소가 얼마나 많은지 모릅니다. 예를 들면 AI가 생성한 사진과 영상이 그렇고 가짜 뉴스가 그렇습니다.

날조한 티가 역력한 합성 사진만 있는 게 아니라 알고리즘이 티 나지 않게 우리를 이념의 거품(ideological bubble, 자신이 선호하는 이념에 부합하는 콘텐츠에만 노출되는 것·옮긴이) 속으로 몰아넣어서 우리의 세계관을 바꿔놓습니다.

우리는 단순히 착각하거나 오해하는 수준을 넘어 더 거시적인 차원에서 속임수에 빠질 가능성을 생각해봐야 합니다. 만일 우리가 '아는' 것, 곧 지식이 외부의 힘에 의해 쉽게 조작될 수 있다면 우리의 지식 역시 객관적 세계의 진실을 밝히기 위한 수단으로 신뢰하기 어렵습니다.

그러면 어떻게 해야 할까요?

철학자로서 데카르트의 관심사는 100퍼센트 신뢰할 수 있는 순수한 지식을 규명하는 것이었습니다. 하지만 우리의 목표는 그 정도로 고차원적이지 않습니다. 우리는 다만 조금 더 합리적으로 생각하고 조금 더 지적으로 정직해지기를 바라고, 또 데카르트가 말하는 각종 주의 사항을 고려해 최대한 객관적으로 세계를 지각할 수 있기를 바랄 뿐입니다.

예를 들어보죠. 앤드루는 진짜 현실을 파악하는 것만큼이나 중요한 선택의 갈림길에 서 있습니다. 바로 거처를 정하는 문제입니다. 이것저것 따져봐야 할 부분이 너무 많은 것 같아서 부담감이 상당합니다. 그래서 선뜻 결정을 못 내립니다. 앤드루가 처한 상황은 데카르트가 말한 상황과 별반 다르지 않습니다. 다시 말해 그는 "지금 내가 '진짜로' 아는 게 뭐지?"라는 중대한 질문에 답해야만 합니다.

일단 데카르트의 노고 덕분에 우리가 존재한다는 사실은 철학적으로 입증이 됐습니다. 하지만 그렇게 철학적으로 훌륭한 토대가 있다고 해도 나머지는 앤드루의 몫입니다.

우리같이 평범한 사람들이 이런 식으로 '방법적 회의'를

> **앤드루의 고민**
>
> ## "어디로 이사 가지?"
>
> - 그는 쭉 아파트에서만 살았으니까 이제 넓은 정원이 있는 주택에 살고 싶다고 입버릇처럼 말했습니다. 하지만 막상 정원이 생겼을 때 정말로 좋을지는 어떻게 알 수 있을까요?
> - 앤드루는 여러 동네의 주택을 후보로 두고 부동산 담보대출을 알아보며 자신이 감당할 수 있는 선에서 매수 계획을 세우려 합니다. 하지만 자신이 감당할 수 있는 선을 어떻게 알 수 있을까요? 그의 직업

이 실제로는 얼마나 안정적일까요?

- 앤드루는 지금껏 OO 동네가 우범 지대라고 들었기 때문에 그곳에서는 살기 싫다고 생각했습니다. 그런데 그런 생각은 어떻게 나온 것일까요? 정말로 그 동네가 우범 지대라는 것을 알아서 그렇게 생각하는 것일까요, 아니면 그의 추정에 불과한 것일까요?
- 앤드루는 날이 추워지면 이사하기가 힘드니까 겨울이 오기 전에 적당한 집을 찾아야 한다고 알고 있습니다. 하지만 그런 생각을 뒷받침하는 증거가 있을까요?
- 이 외에도 집을 사는 것이 어떤 의미이고 누가 왜 집을 사야 하는지에 대해서는 온갖 신념과 가정이 존재합니다. 다들 집은 빌리는 것보다 사는 것이 낫다고, 설령 젊을 때는 세 들어 살지언정 나이가 들면 '내 집' 한 채는 있어야 든든하다고, '꿈에 그리던 집'에 사는 사람이 대체로 더 성공적인 인생을 산다고 알고 있습니다. 앤드루의 주변만 봐도 욕실이 하나뿐인 집은 살 곳이 못 된다고들 합니다. 하지만 정말로 그럴까요?

구사하는 이유는 꼬리에 꼬리를 무는 생각에 갇히기 위해서가 아닙니다. 지금 우리가 진짜라고 가정하는 것이 진짜가 아닐 수도 있다는 사실을 인지하기 위해서죠. 물론 그것이 진짜일 수도 있습니다. 하지만 가짜일 수도 있죠. 그것이 진짜인지 가짜인지 알려면 잠깐 멈춰서 '이게 진짜라는 증거가 있어? 내가 왜 이렇게 생각하는 거지?'라고 따져보는 수밖에 없습니다.

살다 보면 지성이 부족해서가 아니라 사실, 의견, 인식, 가정, 해석 등등을 명확히 구별하지 못해서 나쁜 결정을 내릴 때가 있습니다. 데카르트는 부실한 기초 위에 세워진 지식 체계는 부실할 수밖에 없다고 말합니다. 따라서 더 나은 의사결정자가 되려면 잘못된 기초·가정을 진실로 받아들이지 않아야 합니다.

앤드루가 책상 앞에 앉아서 자신의 모든 생각과 신념에 의심이란 용매를 주입하자 다행히도 그간 진실이라고 생각한 것 중에 많은 부분이 기껏해야 추측에 불과했다는 사실이 밝혀집니다.

더 나아가 과도한 스트레스와 부담감을 느낀 이유가 어디까지나 그런 가정과 신념을 진실로 받아들였기 때문이지, 집을 선택하는 과정 그 자체가 주된 스트레스 원인은 아니었다는 사실도 깨닫습니다. 이것은 인지행동치료(CBT)의 주요 원리이기도 합니다. CBT에서는 우리 대부분은 현실 그 자체에 반응하지 않고 현실에 '대한' 자기 생각, 의견, 해석, 결론에 반응한다고 말합니다. 어떤 문제는 우리의 의미체계(frame of meaning, 사물에 의미를 부여하는 인식의 틀·옮긴이) 안에서 해결할 수 있지만, 또 어떤 문제는 우선 그 의미체계가 정확하거나 유용한지 검증부터 해야 해결할 수 있습니다.

스스로 생각의 빈틈, 다른 가정을 찾기 위해 쓸 수 있는 질문을 몇 가지 소개하려 합니다. 데카르트는 이런 질문을 통해 정말로 논리적으로 타당한 현실 인식에 이를 수 있기를 바랐지만, 우리가 바라는 것은 합리적이고, 건전하고, 유연하고, 정말로 유용한 세계관에 도달하는 것입니다. 어떤 결정을 내려야 할지 막막할 때 이렇게 물어보세요.

내가 지금 무엇을 가정하고 있는가?

그 무엇도 당연하게 받아들이지 말고 자세히 따져보세요. 만일 무엇이 '사실'이라고 생각한다면 그 증거를 찾아봅시다. X, Y, Z라고 믿는 근거는 무엇입니까?

우리는 어떤 생각이 가정이라는 사실조차 인식하지 못할 때가 많습니다. 그렇게 은밀한 가정일수록 어지간해서는 바뀌지 않기 때문에 더욱 위험합니다. 예를 들어 앤드루에게 중요한 가정은 꼭 "이사해야 한다"라는 것이었습니다. 앤드루는 "어디로 이사 가지?"라는 질문에 초점을 맞췄기 때문에 이사가 기정사실이 됐습니다.

내가 생각하는 게 진짜인가?

우리의 인지 작용에는 심각한 맹점이 있습니다. 바로 내 생각이 당연히 현실에 부합한다고 믿는 것입니다. 실제로는 현실을 인지할 때 저마다 필터를 거치는데도 현실을 있는 그대로 보고 있다고 착각합니다. 많은 경우에 우리가 인지하는 것은 진짜 현실이 아니라 견해, 취향, 욕망, 공포, 해석 등이 얽히고설킨 혼합물입니다.

이제 앤드루는 자신이 어떤 동네를 꺼리는 이유가 객관적인 범죄율 때문이 아니라 그 동네에 대한 사람들의 견해와 이에 기반한 이미지 때문이라는 사실을 깨닫습니다. 물론 그러고 나서도 그 동네를 배제할 수 있겠지만, 어쨌든 자신의 신념을 찬찬히 돌아봄으로써 그런 거리낌이 사실과 무관한 취향의 문제일 뿐임을 알게 됐습니다.

내가 나를 속이고 있진 않은가?

데카르트는 수학자이기도 했기 때문에(혹시 아셨나요?) 냉정하고 정연한 논리로 현상을 명징하게 규명해야 직성이 풀렸습니다. 그는 인간이 자기기만의 귀재라는 사실을 알았습니다. 우리의 정신은 완전히 틀린 생각을 뒷받침하기 위해 온갖 이유, 근거, 핑계를 만들어낼 수 있습니다. 그래서 물리학자 리처드 파인먼Richard Feynman은 "가장 중요한 원칙은 세상에서 가장 속이기 쉬운 상대, 즉 자기 자신을 속이지 않는 것"이라고 말했습니다.

만일 앤드루가 조금 더 정직하게 내면을 들여다본다면 "나는 더 좋은 집으로 이사하고 싶다"라는 주장이 사실은 틀렸고 "나는 다른 사람들에게 성공한 사람으로 비치고 존중받기 위해서 좋은 집을 사고 싶다"가 더 근원적인 동기임을 깨달을지도 모릅니다. 이렇게 진짜 동기를 정직하게 인정하는 순간, 의사 결정 과정이 훨씬 단순해집니다. 예를 들면 정원의 유무나 욕실의 개수 따위는 생각할 필요가 없어지겠죠.

우리는 중대한 결정을 내려야 할 때 온갖 가정과 제한된 지식이 만드는 울타리를 벗어날 생각을 못 한 채 다짜고짜 문제에 달려들곤 합니다. 정말보 현명한 의사결정지가 되고 싶다면 데카르트의 충고대로 모든 것을 버리고, 심지어는 무엇이 최선의 해결책이라는 신념까지도 버리고 새롭게 출발할 수 있어야 합니다. 반대로 근거 없는 가정과 잘못된 신념으로 울타리를 친 좁은 구역 안에서 결정을 내린다면, 당장은 좋아 보일지 몰라도 필연적으로 오점이 생길 수밖에 없습니다.

연인에게서 연락이 없을 때

✣

오컴의 윌리엄처럼
단순하게 생각하기

"조금만 노력해도 될 일에
많은 노력을 기울이는 건 헛고생이다."

오컴의 윌리엄 William of Ockham

데카르트의 모델은 엄밀히 진실로 인식할 수 없는 것을 모조리 '잘라버리라'고 말합니다. 그러면 우리에게는 의심의 여지가 전혀 없는 것만 남습니다(부디 그러길!). 이번 단락에서는 또 다른 '정신의 면도날'을 알아보려고 합니다. 이번에 잘라내는 것은 불필요한 복잡성입니다.

오컴의 면도날, 다른 말로 절약의 법칙은 흔히 "웬만하면 가장 단순한 답이 정답"이라는 식으로 소개되지만 정확한 설명은 아닙니다. 그 기원이 되는 14세기 철학자 오컴의 윌리엄은 <u>최소한의 가정에 의존하는 설명을 채택하라</u>고 조언합니다. 예를 들어 어떤 현상을 '설명하는' 이론이 두 가지 있을 때 그중에서 더 적은 전제가 요구되고 더 단순한 쪽이 더 좋은 이론일 공산이 크다는 의미입니다.

오컴의 면도날은 절대적인 법칙이 아니라 휴리스틱heuristic입니다. 휴리스틱이란 경험과 직관을 근거로 어떤 특성에 초점을 맞춰서 결정을 내리는 방법입니다. 오컴의 면도날에서 중심이 되는 특성은 '단순함'입니다. 이때 단순함은 심미적으로 군더더기가 없다거나 도덕적으로 고민의 여지가 없다는 의미가 아니라 이론이 단순하다는 뜻입니다. 그런 단순함을 보여주는 예가 로버트 J. 핸런Robert J. Hanlon의 유명한 말입니다. "어리석어서 그랬다고 하면 될 일을 악의로 했다고 생각하지 말라."

이 말은 지나치게 복잡한 음모론을 어떻게 받아들여야 하는지 명확히 알려주기 때문에 '핸런의 면도날'로 불리기도 합니다. 어떤 말이나 행동을 그냥 그 사람이 부족해서 그랬다고 할 수는 없는지 생각해보자는 것입니다.

예를 들어 어떤 유명인이 인터뷰 중에 양손으로 '악마의 뿔'을 만들었다는 이유로 온라인상에서 일루미나티(Illuminati, 18세기 후반에 결성된 급진적 성격의 비밀 결사로, 많은 음모론의 소재·옮긴이) 연루설이나 사탄숭배설이 퍼졌다고 해보죠.

이 이론이 맞을 수도 있겠지만 그러자면 너무 많은 가정이 필요합니다. 그런 가정 중에는 그 자체로 논쟁의 대상이 되는 것도 많고요. 그 손짓을 설명하는 또 다른 이론은 그 사람이 그냥 어리석었다고 보는 것입니다. 남들이 '악마의 뿔' 모양을 만드는 것을 많이 봤기 때문에 무심코 만들었다고 보자는 것이죠. 그러면 많은 가정이 필요하지 않습니다. 그냥 그 사람이 그 손짓의 의미를 모르고 유행을 따랐다고 생각하면 그만입니다.

오컴의 윌리엄은 어떤 현상을 설명하는 이론이 그 외에 설명되지 않는 또 다른 현상을 전제한다면 설득력이 전혀 없다고 봤습니다. 괜히 설명만 더 복잡해져서 오류가 생길 여지를 키울 뿐이죠.

많은 음모론자가 과하게 복잡한 이론으로 현상을 설명하려다가 그 복잡함의 소용돌이에 빠져버립니다. "파충류 외계인이 세계를 지배하고 있다"라는 이론이 진실이려면 그 밖에도 많은 것이 진실이어야 합니다.

예를 들면 그 외계인들이 우리 주변에 은밀히 존재하는 것이 진실이어야 합니다. 만에 하나 정말로 그늘이 암약하고 있다면 이제 또 다른 음모와 기만을 전제해야 하고 이 파충

류 인간들이 고도의 지성과 수완을 보유하고 있어야 합니다. 그리고 그 비밀을 알게 된 사람들이 침묵해야 하고(혹시 기억을 지우는 걸까요?) 그 진상이 철저히 베일에 가려져야 합니다.

이런 설명이 설득력을 얻으려면 외계인의 변신 및 세뇌 기술, 사회의 최상부에 침투한 도마뱀 인간, 이 사악한 술수를 철저히 비밀에 부치려는 각국 정부의 공조 등을 운운하는 이론이 필요합니다. 이제 설명되지 않는 현상이 하나가 아니라 여럿으로 늘어났습니다.

음모론자를 비웃긴 쉽습니다. 하지만 우리도 적은 가정으로 설명할 수 있는 현상을 지나치게 복잡하게 설명하는 이론에 빠질 때가 종종 있습니다. 평범한 문제를 너무 특이하게 설명하려고 하거나 너무 거창한 해결책을 찾으려고 합니다. 어떤 문제에 강렬한 감정을 느끼지만 내가 가진 정보가 적으면 특히 더 그런 충동에 넘어가기 쉽습니다. 몇 가지 예를 들어보죠.

- 프린터가 작동하지 않습니다. 벌컥 성을 내며 "망할 놈의 기계 작살을 내버려야지!"라고 생각하기 전에 혹시 플러그가 꽂혀 있는지 확인해보세요. 그

> 러고 나서 망할 놈의 원인을 생각해봐도 늦지 않습니다!
> - 환자가 복통을 호소할 때 의사는 다짜고짜 췌장암이나 파푸아뉴기니 밀림에서만 유입될 수 있는 장내기생충을 생각하지 않습니다. 일단 과식, 알레르기, 속쓰림 여부부터 따져보죠.
> - 길을 가는데 멀리서 직장 동료들이 보입니다. 그런데 동료들이 갑자기 발길을 돌려서 다른 방향으로 가는군요. 이때 회사 사람들이 내색만 안 할 뿐 사실은 다 나를 싫어한다고 생각할 수도 있겠지만, 그 전에 더 적은 가정이 요구되는 이론을 생각해봐야 합니다. 아마도 나를 못 봤을 것이라고 말이죠.

가장 단순한 해법이 무조건 최선의 해법이라는 법은 없지만, 보통은 최선의 해법일 가능성이 큽니다. 다른 것을 다 떠나서 단순한 해법일수록 실행하기가 쉬우니까요. 종종 우리는 불안감 때문에 과도한 생각에 빠져서 잠재적 문제까지 따져보느라고 당면한 문제를 실제보다 훨씬 무섭고 복잡하게 느낍니다. 모든 문제에는 미지의 요소가 존재합니다. 자칫

하면 그 미지의 영역에 온갖 가정을 쏟아붓게 됩니다. 말하자면 풀숲에서 바스락거리는 소리를 듣고 독충이나 뱀을 떠올리는 등 상상력을 총동원해 갖가지 이유를 생각하는 것과 같습니다!

<u>의사 결정 과정에서 이런 식으로 공포와 가정이 기승을 부리지 못 하게 하려면 오컴의 면도날이 필요합니다.</u> 사람들이 황당한 음모론에 빠지는 이유는 대개 지성이나 정보가 부족해서가 아니라 자신이 가진 데이터에 너무 감정적으로 매몰되기 때문입니다. 다시 말해 극도의 공포, 의심, 불신, 분노를 느끼면서 그런 감정이 어떻게 합리적인 생각을 방해하는지는 모르기 때문입니다. 그래서 프린터가 작동하지 않을 때 합리적으로 생각하자면 차근차근 단계별로 원인을 찾아야 하는데도 분노와 실망에 사로잡혀서 그냥 때려 부숴야겠다고 생각합니다.

그러면 우리는 의사 결정 과정에서 이 오컴의 면도날이라는 원리·기법을 어떻게 적용할 수 있을까요?

- 1단계: 해결해야 하는 문제가 무엇인지 명확히 밝힌다.
- 2단계: 문제를 설명할 수 있는 이론을 최대한 도출한다.
- 3단계: 각 이론이 어떤 가정을 전제하고 얼마나 단순한지

파악해서 순위를 매긴다.
- 4단계: 가장 단순한 이론, 즉 가장 적은 가정이 요구되는 이론부터 적용해본다.
- 5단계: 문제가 해결되지 않으면 다음 이론으로 넘어간다.

현실적으로 봤을 때 우리가 어떤 문제에 직면할 때마다 책상 앞에 앉아서 그 문제를 설명할 수 있는 이론을 빠짐없이 생각하고 기록하기란 어렵습니다. 인생이 좀 복잡해야지요! 오컴의 면도날은 의사 결정 과정에서 보조적으로 활용하는 경우가 더 많을 것입니다. 어차피 우리가 의사를 결정하는 방식은 문제를 해결하는 방식과 겹치는 부분이 많습니다. 거기에는 우리가 상황을 보는 시각, 우리가 아는 것과 모르는 것, 우리의 목표와 의도가 영향을 미칩니다.

예를 들어 우리는 앞 단락에서 소개했던 방법적 회의에 오컴의 면도날을 접목할 수 있습니다. "지금 내가 확실히 아는 게 뭐지?"라고 물으면 자연스럽게 다양한 가정을 살펴보게 됩니다. 그러면 더 단순하고 더 직접적으로 현상을 설명하는 이론이 무엇인지 알게 되죠.

어떤 해법이 당연하게 느껴질 때도 찬찬히 따져보면 필요 이상으로 복잡한 해법을 당연하게 여긴 것일 수 있습니다. 그렇다면 그 이유는 말했다시피 객관적이고 합리적인 사실에 근거하지 않고 감정과 습관에 휘둘렸기 때문입니다.

집의 배선이나 배관을 직접 수리한다고 해보죠. 전등의 스위치를 누르거나 수도꼭지를 돌려도 아무 반응이 없습니다. 왜 그럴까요? 이때는 새로운 이유와 설명을 생각하기 전에 기존의 가정에 문제가 있지는 않은지 생각해봐야 합니다. 지금 잘못된 시각으로 문제를 보고 있을 수 있다는 의미입니다. 모든 가정을 일일이 따져봐야 합니다.

전기 문제를 해결하려면 집 전체 배선을 뜯어고치려고 하기 전에 작은 회로부터 살펴보는 게 순서입니다. 눈에 안 보이는 부분을 생각하기 전에 눈에 보이는 부분부터 확인해야죠(전선이 끊겼나? 플러그가 빠졌나? 불꽃이 튀나?). 문제의 원인을 추적할 때는 조건문으로 생각해야 합니다. "X플러그와 Y플러그를 꽂으면 Z가 발생하지만 X플러그만 꽂으면 Z가 발생하지 않는다" 하는 식으로요. 그렇게 각각의 전제, 가정, 신념을 개별적으로 검토한 후에도 문제가 해결되지 않으면 이번에는 서로 혼합해서 생각해보면 됩니다.

살다 보면 전기 문제보다 복잡한 문제도 많이 발생하지만, 어차피 원리는 같습니다. 연애에서 문제가 생긴 아바의 사례를 들어 이 원리를 단계별로 적용해보겠습니다.

아바의 고민

"남자친구가 왜 연락을 안 하지?"

1단계: 해결해야 하는 문제가 무엇인지 명확히 밝힌다.

생각만큼 쉽진 않습니다! 자신이 왜 속상하고 불안한지 알려면 명료한 생각이 필요합니다. 아바는 차분하게 생각하면서 수첩에 이것저것 적어보니 주말에 다른 커플과 캠핑을 다녀온 후로 왠지 남자친구가 말을 잘 안 하고 멀어진 느낌이 드는 게 문제라는 결론이 나옵니다.

2단계: 문제를 설명할 수 있는 이론을 최대한 도출한다.

아바의 경우에는 1단계보다 쉽습니다. 이미 문제의 원인, 의미, 해법에 대한 몇 가지 이론(음모론?)이 있습니다. 수첩에 이렇게 적습니다.

- 남자친구는 캠핑 때 내가 술을 너무 많이 마셔서 화가 났지만 전 남자친구가 너무 간섭이 심해서 헤어졌다는 말을 여러 번 들었기 때문에 괜히 간섭하는 것처럼 보이고 싶지 않아서 아무 말 안 하고 있다.

- 남자친구는 점점 애정이 식고 있다. 캠핑 때 다른 커플의 행복한 모습을 보고 우리 사이에는 그런 감정이 없다고 생각했다.
- 남자친구는 그대로인데 내가 그의 커뮤니케이션 방식에 불만을 느낀다. 그래서 내 쪽에서 그 문제로 대화하거나 헤어지고 싶은 것인지도 모른다.

3단계: 가장 단순하게 상황을 설명하는 이론을 찾는다.
아바는 각 이론을 검토해 '모든' 이론이 많은 가정과 추측에 의존하고 있음을 깨닫습니다. 더 나아가 어떤 것이 당연한 사실로 느껴지더라도 실제로는 전혀 근거가 없을 수 있다는 것도 알게 됩니다. 그래서 수첩에 적은 관점들이 모두 타당한 근거가 별로 없으므로 굳이 따져볼 필요가 없다고 판단합니다.

그렇다면 가장 단순한 설명은 무엇일까요? 어떻게 하면 어떤 가정에도 의존하지 않고 현재 상황을 설명할 수 있을까요? 한참 생각한 끝에 아바는 알게 됩니다. 가장 단순하고 명료하게 이 '문제'를 보는 관점은 "나는 남자친구가 무슨 생각을 하고 있는지 모른다"라고

> 인정하는 것임을요.
>
> 그러면 아바에게는 몇 가지 대응책이 생깁니다. 이 일을 완전히 잊어버리는 것도 한 방법이고, 남자친구에게 왜 그러는지 직접 물어보는 것도 한 방법입니다. 하지만 남자친구가 무슨 생각을 하고 있을지, 그것이 어떤 의미이고 어떤 영향을 미칠지 혼자서 고민하면서 끙끙 앓는 것은 '절대로' 하지 말아야 한다는 점을 아바도 잘 압니다. 아바에게 오컴의 면도날은 단순히 지성적 판단을 위한 도구가 아닙니다. 그것은 괜한 생각으로 비련의 여주인공이 되는 청승을 잘라버리는 칼이기도 합니다.

물론 인생은 단순하지 않습니다. 그래서 오컴의 면도날은 '무조건 가정이 적을수록 좋다'는 가정조차도 틀릴 수 있다고 말합니다! 때로는 어떤 현상을 설명하는 최선의 이론이 생각보다 복잡할 수 있습니다. 그리고 아바의 사례에서 드러나는 한계점이 또 하나 있습니다. 우리는 오로지 자신이 가진 정보만 활용할 수 있다는 점입니다. 충분히 정보를 확보하지 못하면 어떤 이론을 도출하든 하나같이 부실한 이론이 될 가능성이 큽니다.

그래도 오컴의 면도날을 꺼내 들면 내가 마주한 문제 자체는 복잡하지 않은데 내가 문제를 보는 관점 때문에 괜히 복잡하게 느껴질 수도 있다는 사실을 깨닫게 됩니다. 그래서 이런 질문을 해볼 필요가 있습니다.

- 필요 이상으로 문제를 복잡하게 보고 있진 않은가?
- 질문에 답하거나 문제를 해결하겠다면서 또 다른 질문이나 문제를 끌어들이고 있진 않은가?
- 다른 사람의 의도, 목표, 인식, 해석을 마음대로 가정하고 있진 않은가?
- 문제를 설명하겠다면서 사실은 나의 필요, 욕구, 기대, 불안을 표출하고 있진 않은가?

내가 진짜 중요하게 생각하는 게
뭔지 알고 싶을 때

✤

벤다이어그램

"패턴을 찾는 것이 지혜의 정수다."

데니스 프레이저Dennis Prager

데카르트의 방법론을 취하면 확실히 진실이라고 아는 것 외에 모든 것을 배제하게 됩니다. 오컴의 면도날을 사용하면 근거도 없는 주제에 방해만 되는 가정을 쓱쓱 베서 복잡성을 줄일 수 있습니다.

이번 단락에서는 조금 다른 관점을 소개하려 합니다. 우리가 이해해야 하는 상황, 우리가 해결해야 하는 문제, 우리가 결정해야 하는 사안이 항상 난순하지는 않습니다. 그럴 때는 단순히 진실이냐 아니냐를 따지는 차원을 넘어 '관계'라는 측면을 고려해야 합니다. 다시 말해 다양한 요인과 변수가 서로 어떻게 맞물려 있는지 생각해야 합니다.

이것은 특히 우리가 직면한 상황, 문제, 사안이 크고 막연하거나 어떤 객관적 실체가 없을 때 중요합니다. '침대 밑에 괴물이 있나?' 하는 문제는 약간 용기를 내서 과학적 방법을 쓰면 금방 해결됩니다. 하지만 "인생을 어떻게 살 것인가?"라는 질문은 전혀 다르게 접근해야 합니다. 거기에는 진실과 거짓이 존재하지 않기 때문입니다.

이때 유용한 도구가 벤다이어그램입니다. 벤다이어그램은 누구나 알지만 진짜 위력을 아는 사람은 많지 않습니다. 벤다이어그램을 통해 어떤 생각, 사실, 고려 사항, 요인을 시각적으로 표현하면 다른 방법으로는 쉽게 볼 수 없는 관계가 한눈에 드러나기도 합니다.

과장처럼 들릴지 모르겠지만 벤다이어그램은 우리가 '어떻게' 정보를 처리하느냐에 따라 '무엇'을 처리할 수 있느냐가 크게 달라지고 똑같은 데이터에서 무엇을 '볼' 수 있느냐가 크게 달라짐을 보여줍니다.

벤다이어그램은 간단히 말하자면 두 가지 이상의 대상 간 관계를 표현하는 도표입니다. 그사이에는 겹치는 부분, 즉 교집합이 존재합니다. 예를 들면 벤다이어그램을 통해 언어를 동원하지 않고도 두 직군에 요구되는 능력이 어떤 관계인지 표현할 수 있습니다. A 직군에 요구되는 능력과 B 직군에 요구되는 능력을 각각의 원으로 표현하면 두 원이 겹치는 부분이 A 직군과 B 직군에 공통으로 필요한 능력이 됩니다. 이렇게 보면 두 직군의 공통점은 물론이고 각 직군에만 요구되는 능력도 한눈에 보입니다. 간단한 것 같아도 여기에 또 원을 추가하면 더 흥미롭고 더 복잡한 그림이 만들어집니다.

다음은 매트 셜리Matt Shirley가 그린 재미있는 벤다이어그램입니다.

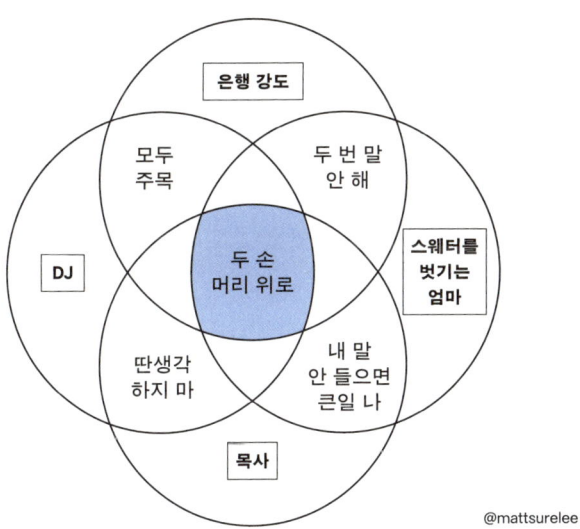

이렇게 그림 한 장으로 여러 요소가 요리조리 엮인 관계를 똑똑히 알 수 있습니다. 물론 위의 벤다이어그램은 유머로 그린 것이지만 벤다이어그램의 원리를 잘 보여줍니다. 다른 방법을 썼다면 많은 말, 그래프, 표로 설명해야 했을 관계를 단번에 보여줄 때, 벤다이어그램은 그 진가가 발휘됩니다.

벤다이어그램이라는 명칭은 1800년대 후반에 이 도형을 고안한 철학자요 논리학자인 존 벤John Venn의 이름에서 유래했습니다. 엄밀히 말하자면 존 벤이 이런 시각적 표현을 최초로 시도한 사람은 아니지만, 그는 벤다이어그램을 이용해 기본적 집합론과 확률론 등 현재 수학, 통계학, 컴퓨터과학에서 사용되는 여러 개념을 쉽게 설명했습니다.

<u>벤다이어그램은 그 외에도 너무 막연하고 다차원적이어서 갈피를 잡을 수 없을 것만 같은 질문과 고민을 해결하기 위한 의사 결정 도구로서도 매우 유용합니다.</u> 잠깐 시간을 내서 벤다이어그램을 그려보면 뜻밖의 것이 발견되기도 합니다.

그렇다면 벤다이어그램은 구체적으로 어떤 유형의 문제를 해결할 때 유용하게 쓰일까요?

우리가 맞닥뜨린 상황이 복잡하고 혼란스럽게 느껴지더라도 생각을 잘 정리해서 간소하게 표현하면 실마리가 보일 때가 많습니다. 두 가지 방안을 저울질해야 할 때 벤다이어그램을 이용하면 여러 차원을 이해하기 쉽게 비교할 수 있어서 좋습니다. 간단한 예를 들어보죠.

> **케니의 고민**
>
> **"둘 중 어느 대학교에 진학할까?"**
>
> **A대학교의 특징**
> - 우수한 교수진
> - 활발한 산학협력 프로그램
> - 좋은 스포츠 시설
> - 도심에 위치
> - 비교적 높은 등록금
>
> **B대학교의 특징**
> - 다양한 교환학생 프로그램
> - 상대적으로 저렴한 학비
> - 좋은 스포츠 시설
> - 넓고 자연 친화적인 캠퍼스

- 우수한 기숙사 시설

케니가 교육에서 중요하게 여기는 요소
- 학비 부담이 적을 것
- 교환학생 기회
- 높은 취업률

두 대학 중 어느 쪽을 선택할지 고민일 때 벤다이어그램을 그리면 두 학교의 공통점과 각 학교의 차별점을 알 수 있습니다. 이때 두 학교의 공통점은 선택에 영향을 미치지 않기 때문에 배제해도 좋습니다.

더 나아가 이렇게 두 학교의 특징을 표시한 벤다이어그램에 원을 하나 더 그려서 내가 교육에서 중요시하는 요소를 표시하면 셋의 교집합을 분석할 수 있습니다. 그러면 이 '교육에서 중요한 요소' 원에 속하지 않는 특징은 배제해도 좋습니다.

이렇게 벤다이어그램을 그리면, 재미있고 유익한 '데이터'가 생깁니다. 각 학교에서 내가 중요하게 여기는 특징이 무엇이고 어느 학교에 가든 공통으로 누릴 수 있는 것은 무

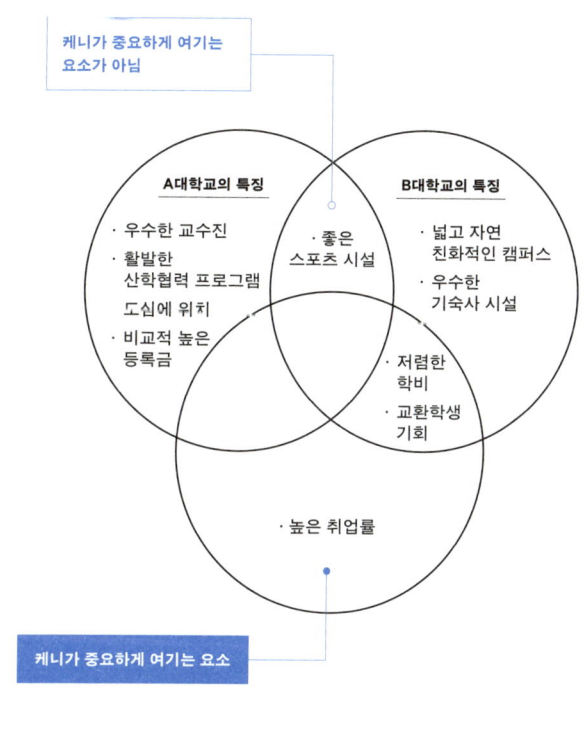

케니가 중요하게 여기는 요소와 B대학교의 특징이
겹치는 부분이 더 많은 것을 알 수 있다.

엇인지 알 수 있습니다.

그러면 실제로는 의미가 없거나 중요하지 않은 요소를 배제할 수 있어서 의사 결정 과정이 한결 단순해집니다. 예를 들어 A 대학교가 멋진 체육 시설과 다양한 스포츠 프로그램을 자랑한다고 해도 사실 스포츠는 내가 중요시하는 부분이 아닐 수 있습니다. 더군다나 B 대학교도 그에 못지않은 체육 시설과 스포츠 프로그램을 갖췄다는군요! 여기서 보듯 벤다이어그램을 이용하면 너무 많은 변수 때문에 벅차게 '느껴지는' 상황에서 정말로 중요한 요소만 남길 수 있습니다.

인생에서 중대한 결정을 내려야 할 때 벤다이어그램을 이용해보세요. 해결의 실마리가 보일 겁니다.

- 대학에서 무엇을 전공할 것인가?
- 어떤 직업을 진로로 선택할 것인가?
- 내가 진정으로 원하는 생활 방식은 무엇인가?
- 인생을 어떻게 살 것인가?
- 이 사람과 연애/결혼(또는 이별/이혼)을 해야 하는가?

이런 사안을 다룰 때는 내가 가진 정보를 모두 꺼내놓고 나의 목표, 한계, 강점, 꿈, 우려 같은 것과 꼼꼼히 비교해봐야 합니다. 어렵지 않습니다. 인생의 모든 것은 벤다이어그램으로 나타낼 수 있으니까요. 내가 원하는 것과 내게 가능한 것을 각각 표현하는 원을 그리면 두 원이 겹치는 공간이 바로 내가 초점을 맞춰야 할(그리고 초점을 맞추는 것이 '유일하게' 의미 있는) 영역이 됩니다.

패턴을 찾으면 번뜩 깨닫는 게 생깁니다. 이것과 저것 사이의 관계를 알면 어떤 결정을 내리거나 해법을 찾기가 한결 쉬워집니다(그 결정이나 해법도 사실은 지금까지 인지하지 못했던 관계나 패턴일 뿐입니다).

수지 웰치의 '운명의 영역'

다음은 경영서 작가 수지 웰치Suzy Welch가 CNBC에 기고한 기사에서 발췌한 벤다이어그램입니다.

각각 능력, 관심사, 기회를 나타내는 세 가지 원이 겹치

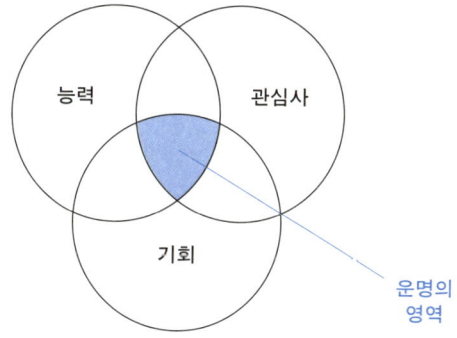

는 부분에 '운명의 영역Area Of Destiny, AOD'이라는 최적의 지점이 존재합니다. 웰치는 이 운명의 영역을 찾는 방법을 3단계로 정리했습니다. 이 벤다이어그램을 제이크의 사례에 적용해보죠.

> **제이크의 고민**
>
> ## "내 경력 경로를 어떻게 설계할까?"
>
> 회사 인사팀 소속으로 구성원 간 갈등 중재, 인사 이슈에 대응하는 업무를 맡고 있는 제이크는 지금 진로의 기로에 서 있습니다. 현재 회사 생활을 이어갈지, 새로운 영역에 도전할지, 자신에게 잘 맞는 일이 뭔지 끊임없이 질문하고 있습니다. 고민 끝에 그는 수지 웰치가 제안한 운명의 영역 벤다이어그램 기법을 활용해 자신을 객관적으로 들여다보기로 했습니다.

1단계

Skill: 내가 잘하는 것(기술, 능력, 성격)

우선은 자신의 능력이나 성격상 장점을 밝혀야 합니다(그 내용은 결정해야 할 사안이나 답해야 할 질문이 무엇이냐에 따라 달라질 것입니다). 웰치는 되도록 구체적으로 쓰고 되도록 폭넓게 보기를 권합니다. 무엇이든 생각나는 대로 다 쓰라는 말입니다(많은 사람이 자신에게 익숙한 능력을 과소평가합니다). 예를 들어 전공이나 진로를 고민 중이라면 기존에 공부하거나 일했던 것만 생각하면 안 됩니다. 찬찬히 정리해보면 우리 각자에게는 제법 많은 능력이 있거든요.

제이크가 잘하는 것

- 복잡한 글을 쉽게 풀어내는 작문 능력
- 대화를 통해 의견을 조율하는 협상 및 중재 능력
- 매사에 꼼꼼하게 접근하는 세심함
- 프로젝트를 끝까지 해내는 끈기와 참을성
- 새롭게 접한 것도 금방 익히는 빠른 학습 속도
- 고등학교 때부터 익힌 스페인어 구사 능력

`2단계`

Interest: 내가 사랑하는 것(목표, 가치관, 희망)

다음 원은 관심사와 기호, 즉 자신이 원하는 것을 나타냅니다. 이번에도 역시 우리가 생각하는 질문, 문제, 사안이 무엇이냐에 따라 원 안의 내용이 달라집니다. 여기에는 인생에서(혹은 적어도 현 상황에서) 추구하는 가치관과 원칙을 적을 수도 있고 구체적인 결과로 정의되는 장단기 목표를 적을 수도 있습니다.

많은 사람이 첫 번째 원과 두 번째 원이 생각만큼 많이 겹치지 않는 것에 놀랍니다. 우리가 꼭 잘하는 것을 좋아하라는 법이 없고 꼭 좋아하는 것을 잘하라는 법도 없습니다! 하지만 그런 줄도 모르고 중요한 결정을 내릴 때 실수를 저지르기도 합니다. 예를 들면 자신이 수에 밝아서 돈 계산이 빠르니까 회계사나 계리사로 살면 행복할 것이라고 생각합니다. 하지만 정말로 그럴까요? (여기서 보듯 벤다이어그램 역시 앞에서 소개한 두 사고모델처럼 우리가 기존에 생각했던 가정을 은근히 공격합니다.)

또 어떤 사람들은 어떤 분야에 열정과 관심만 있으면 당연히 실력도 따라올 것이라고 착각합니다. 하지만 정말로 그럴까요? 취미로 무언가를 열심히 하는데도 실력은 그저 그런 사람을 보면 알 수 있듯이 열정이 무조건 실력으로 이어지진 않습니다!

우리의 예에 적용하자면 자신이 갈등을 해결하는 중재 능력이 탁월하지만, 중재라는 행위 자체를 '좋아하지는' 않는다는 사실을 깨달을지 모릅니다. 또는 회사에 기여하고 실력을 인정받는 게 좋긴 해도 그것이 어떤 깊은 영감이나 관심을 유발하지는 않는다는 사실을 알게 될 수도 있습니다.

> **제이크가 사랑하는 것**
>
> - 누군가의 배움을 돕는 것
> - 질문을 통해 사고를 유도하는 대화
> - 지식 전달보다 이해 촉진에 집중하는 것
> - 성장하는 사람을 곁에서 지켜보는 일
> - 설명하고 가르치는 일 자체에서 느끼는 즐거움
> - 교육을 통해 의미 있는 흔적을 남기는 것

3단계

Opportunity: 내가 가질 수 있는 기회(시장 수요)

아무리 스페인어로 말하기를 좋아하고 스페인어를 잘 가르치는 사람이라고 해도 누구나 스페인어로 말하는 곳에 산다면 진지하게 '스페인어 교사'를 진로로 고려할 만큼 세 원이 많이 겹치지 않을 것입니다. 지역을 옮긴다면 모를까요.

이 세 번째 원을 그리기 위해서는 현재 자신을 둘러싼

환경에 어떤 기회가 존재하는지 폭넓게 생각해봐야 합니다. 이번에도 잠깐 시간을 내서 그런 기회를 적어보기만 해도 지금까지 생각하지 못했던 부분이 보일 수 있습니다. 구체적으로 적고, 솔직하게 적고, 빠짐없이 적으세요. 알고 보면 우리에게는 생각보다 많은 자원이 있으니까요.

이 원에는 나를 도와주고 지도해줄 수 있는 사람, 시장에서 아직 충족되지 않은 수요, 내가 채우거나 이용할 수 있는 공백, 내가 해결해줄 수 있는 타인의 문제, 내가 줄 수 있는 선물, 내가 가르쳐줄 수 있는 해법 등등을 쓰면 됩니다. 지금 내가 이용할 수 있는 것과 조금만 노력하면 더 많이 이용할 수 있는 것이 무엇인가요? 여기서 우리가 찾으려고 하는 것은 나라는 사람과 내가 사는 세상(혹은 내가 살고 싶은 세상)이 서로 가장 잘 맞물리는 교집합입니다.

> **제이크가 가질 수 있는 기회**
> - 사내 교육 콘텐츠를 직접 설계하는 인력 부재
> - 실무형 리더십 교육, 피드백 대화법 등 실전 콘텐츠에 대한 수요
> - 중재 경험을 구조화하고 전달할 수 있는 실전형 퍼

실리테이터의 중요성 대두
- 조직 문화를 이해하고 내재화한 '내부 교육 기획자' 지원 계획

이 3단계 기법이 단순해 보인다고 과소평가하면 안 됩니다. 이 기법을 잘만 사용하면 쓸모없거나 근거 없는 생각과 가정에서 벗어나는 것은 물론이고 새로운 가능성의 영역을 발견할 수 있습니다.

우리는 중요한 결정을 내려야 할 때 "꿈을 좇으라"라는 조언을 많이 듣습니다. 하지만 가만히 생각해보면 꿈이 항상 우리를 바른 길로 인도하라는 법이 없습니다. '관심'과 '능력'의 교집합만 찾으면 끝이 아니라 구체적으로 그 교집합을 우리가 사는 현실의 환경에 접목할 수 있어야 합니다.

제이크의 운명의 교집합 AOD

- 실전 경험 기반의 사내 갈등·리더십 관련 사내 교육자
- 팀장 대상 1:1 피드백 코칭, 신입 온보딩 교육 설계 등의 내부 교육 기획자

이키가이 벤다이어그램

여기서 더 나간다면 일본어로 '존재의 이유'를 뜻하는 '이키가이生き甲斐'라는 개념을 생각해볼 수 있습니다. 그러면 탐색 범위가 확장되어 더욱 흥미로워집니다. 이키가이 벤다이어그램에는 '세상에 필요한 것'을 표현하는 원이 추가됩니다. 어떤 직업은 인류에 이롭지만 벌이가 좋지 않습니다. 또 어떤 직업은 벌이는 좋지만 나의 재능을 낭비하게 합니다. 아래는 그런 관계를 잘 보여주는 이키가이 벤다이어그램입

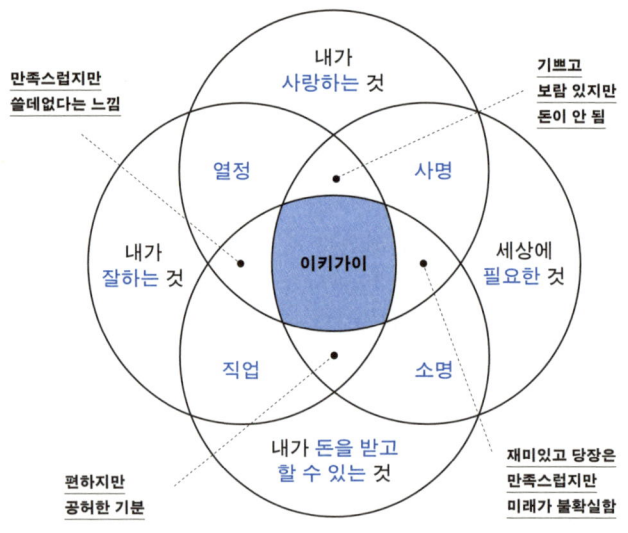

출처: dreamstime / TORONTO STAR GRAPHIC

니다. 이 벤다이어그램을 이용해 '이상적 직업'을 모색할 수도 있고, 거꾸로 현재의 직업에서 우려스럽거나 개선이 필요한 부분을 찾을 수도 있습니다. 어느 쪽이든 간에 벤다이어그램의 위력은 이전에 보지 못했던 패턴을 찾는 데서 나옵니다.

요약

- 데카르트는 '앎'을 중요하게 여긴 철학자였습니다. 그 무엇도 당연하게 받아들이지 않고 백지상태에서 생각하기를 권했습니다. 그 중심에는 모든 것에 의문을 제기하는 인식론적 의심이 있었습니다. 건전한 회의론은 검증되지 않은 '상식'에서 비롯되는 편향, 맹점, 가정의 악영향을 상쇄합니다.

  나의 감각, 느낌, 견해, 인식, 신념, 희망을 무조건 신뢰하면 안 됩니다. 우리는 자신이나 타인에게 속을 수 있습니다. 내가 사실로 가정하는 것이 모두 사실이라는 법이 없습니다.

  우리는 현실 그 자체에 반응하는 경우가 거의 없고 대신 현실에 대한 자신의 생각, 의견, 해석, 결론에 반응합니다. 그러므로 내가 무엇을 가정하고 있는지, 어떤 증거를 갖고 있는지, 혹시 나 자신을 속이고 있진 않은지 물어봐야 합니다.

- 오컴의 면도날은 최소한의 가정에 의존하는 설명을 채택하는 휴리스틱입니다. 강렬한 감정에 사로잡혀서 상황을 필요 이상으로 복잡하게 보면 안 됩니다.

  새로운 이유와 설명을 생각하기 전에 사실은 기존의 가정에 문제가 있지는 않은지 생각해봐야 합니다. 지금 잘못된 시각으로 문제를 보고 있을지도 모른다는 의미입니다.

Φ 우리가 '어떻게' 정보를 처리하느냐에 따라 우리가 '무엇'을 처리할 수 있느냐가 크게 달라집니다. 벤다이어그램은 여러 변수의 관계를 파악하고 교집합을 찾는 데 도움이 됩니다.

패턴을 찾으면 번뜩 깨닫는 게 생깁니다. 이것과 저것 사이의 관계를 알면 어떤 결정을 내리거나 해법을 찾기가 한결 쉬워집니다.

2장

Philosopher's Mental Models

철학자의 사고모델 두 번째

윤리적인
결정

糞 ○ 無爲 ○ Chesterton's Fence

데카르트는 수학자, 존 벤은 논리학자였습니다. 오컴의 윌리엄은 신학자이자 가톨릭 변증가였지만 그가 제시한 원리 중 가장 유명한 것은 신앙이 아니라 자연 철학과 논리적 방법론을 설명하는 원리입니다. 여기서 보듯이 논리적이고 이성적이며 지적으로 건전한 선택을 하고 싶다면 철학과 과학의 세계에서 나온 이론과 사고모델을 이용하는 편이 좋습니다.

하지만 '옳고 그름'의 차원을 생각하면 어떨까요? 과연 내가 '옳다고' 생각하는 행동이 항상 '옳은' 선택일까요?

여기서는 앞 장과 전혀 다른 렌즈를 소개하려 합니다. 먼저 불교에서 말하는 업業의 법칙을 알아보겠습니다. 이 법칙을 알면 우리 삶을 구성하는 원인과 결과의 그물망을 인식하고 어떤 선택이 어떤 결과를 부를지 더 깊이 생각하게 됩니다.

이어서 '체스터턴의 울타리'라고 불리는 비유를 제시하겠습니다. 이 비유는 지금 당장 알 수는 없지만 내 행동에서 비롯될 수 있는 결과에 주의하라는 교훈을 줍니다.

끝으로 아무것도 하지 않음으로써 역설적으로 뭔가를 이루는 원리를 보여주는 고대 중국의 무위無爲 개념을 살펴보겠습니다. 시작해볼까요?

옆자리 동료가 싫을 때

✤

불교
업의 법칙

"업은 인간의 자유에 대한 불후의 선언이다. …
우리의 생각, 우리의 말, 우리의 행동 하나하나가
우리를 둘러싸는 그물의 씨줄과 날줄이 된다."

스와미 비베카난다 Swami Vivekananda

'업'은 불교에서 가장 유명하면서도 가장 오해를 많이 받는 주제입니다. 그 어원은 산스크리트어로 '행동'을 뜻하는 카르마Karma입니다. 업은 나의 생각과 감정에서 자연스럽게 발생하는 행동이 원인과 결과, 즉 인과관계를 만들어 내가 사는 세계가 형성되는 과정을 설명하는 원리입니다.

나의 생각과 감정은 행동으로 이어지고 행동이 반복되면 습관이 됩니다. 그리고 이 과정에서 원인과 결과로 가득 찬 세계가 만들어집니다.

도덕 철학은 인생에서 중대한 질문을 보는 시각이 1장에서 살펴본 사고모델들과 전혀 다르기 때문에 어떤 결정을 내리고 문제를 해결하기 위한 방법론 역시 다른 차원에서 제시합니다. 서양에서 업은 단순히 '정의'에 관한 원리로 설명될 때가 있지만 실제로는 훨씬 더 복잡합니다. 불교에서 말하는 업은 세상 만물이 구체적인 원인에 의해 존재한다는 개념입니다. 그 원인 중에는 인간의 행동도 있습니다. 이 세계관에서 덕행은 행복과 조화를 부르고 악행은 고통을 부릅니다.

땅에 씨앗을 심고 모든 조건이 충족되면 싹이 트고 식물이 자랍니다. 마찬가지로 내 안에 분노, 욕심, 공포의 씨앗을 심고 모든 조건이 충족되면 싹이 트고 주변 세상에 실제로 그 결과가 나타납니다. 차질 없이 모든 조건이 충족되면 특정한 결과가 나올 수밖에 없습니다. 물론 인간은 어떤 행동을 거부하거나 지향할 자유가 있습니다.

씨앗은 성장하는 것이 자연스러운 성질입니다. 어쩌면 우리도 세상에 태어날 때 어떤 행동을 하는 것을 자연스러운 성질로 타고나는지도 모릅니다. 그런 성질을 다른 말로 '업에 의한 충동'이라고 할 수 있습니다. 이 충동은 관성이랄까, 오랜 시간에 걸쳐 형성되는 습관과 같습니다. 그 충동 때문에 우리는 어떤 조건에서 어떤 행동을 하게 됩니다. 예를 들어

운전 중에 다른 차가 끼어들면 벌컥 화가 나는 식입니다. 우리가 하는 행동은 내면에 존재하는 업에 의한 충동이 외부의 어떤 조건과 맞물려서 생기는 결과라고 봐도 좋습니다.

업의 '법칙'이 너무 결정론적인 원리로 들릴 수도 있습니다. 하지만 내 행동에 영향을 미치는 온갖 요인을 알아야만 나를 다스리는 게 가능해집니다. 다시 말해 습관적 행동에서 탈피할 수 있습니다. 이렇게 생각하면 업은 어떤 행동을 유발하는 충동이지, 그 행동의 결과가 아닙니다. 업에 의한 충동이 유발하는 것은 신체적 행동만이 아닙니다. 생각도 '내면의 행동'이라고 본다면 업에 의한 충동은 사회적, 정서적, 정신적 작용도 일으킬 수 있습니다!

업은 좋고 나쁘고를 떠나서 우리를 윤회의 바퀴에 매는 사슬입니다. 윤회는 죽음과 재생의 무한한 반복입니다. 업을 자세히 논하는 것은 이 책의 범위를 넘어서기 때문에(더군다나 업은 사고모델보다는 철학의 한 분파에 더 가깝습니다) 여기서는 우리가 의사 결정을 더 잘하기 위해 알아두면 좋은 기본적 개념 몇 가지만 이야기해보겠습니다.

- 작은 행동이 큰 결과를 부르기도 하고 큰 행동이 작은 결과를 부르기도 한다. 그렇다고 해도 언제나 '뿌린 대로 거

두는' 법, 콩 심은 곳에 팥이 나지는 않는다.
- 업은 오롯이 나의 것이다. 내가 한 행동의 결과를 남이 대신 받을 수는 없다.
- 내가 한 행동이 그냥 없어지는 법은 없다. 우리는 행동의 결과를 감수하고 다음번에는 더 나은 행동을 하거나 그 '습관'에서 벗어날 길을 찾아야 한다.
- 자신의 행동을 의식하지 못할 때조차도 우리는 원인과 결과의 법칙에 매여 있다.

업을 인지행동적 관점에서 본다면 우리가 특정한 조건에서 특정한 행동을 하는 습관이 들면 그런 무의식적 행동이 우리 삶을 좌우할 수 있다는 의미로 해석 가능합니다. 우리가 생각하고 느끼고 행동하는 패턴이 그 자체로 자극이 돼서 계속 특정한 결과를 초래하는 것입니다. 그런 결과 중 일부는 막대한 파급력을 발휘하기도 합니다. 혹자는 전생의 업이 현생으로 이어질 수 있고, 심지어는 국가, 민족, 문명도 대대로 업을 쌓는다고 믿습니다.

여기서 우리가 더 현명한 의사 결정자가 되기 위해 배워야 할 점은 무엇일까요? 업이라는 관점에서 보면 우리가 어떤 행동을 선택하는 것은 꼭 옳고 그름을 논해야 할 도덕적 차원의 문제가 아닙니다. 우리는 살면서 무수히 많은 선택을 하고, 그런 선택의 결과는 처벌이나 보상이 아닙니다. 그저 자연스럽고 당연하게 발생하는 결과일 뿐입니다.

그렇다고 해도 인간은 이성과 의식이 있는 존재인 만큼 어떤 선택을 할 때 지금 당장만 아니라 장기적으로 미칠 영향을 생각해볼 수 있습니다. 어떤 행동을 하기 전에 이렇게 질문해보세요.

- 이 행동을 선택했을 때 자연스럽게 발생할 결과는 무엇인가? 당장 오늘, 내일, 이번 주에 생길 결과만 아니라 몇 달, 몇 년, 더 나아가 몇십 년 후에 생길 결과도 생각해볼 필요가 있다. 정말로 중대한 결정이라면 내가 죽은 후에도 사람들에게 미칠 영향까지 염두에 둬야 한다.
- 이 행동을 선택하면 목표에 한 걸음 더 다가가게 될까? 이 행동을 선택하면 내가 더 조화롭고 더 건강하고 더 번영하는 삶을 살게 될까, 아니면 반대로 불행해질까? 이번에도 역시 자신만 아니라 주변 사람들에게 미칠 영향까지 생각해봐야 한다.
- 이 행동을 선택하면 내가 원하는 인간상에 더 가까워질까? 다시 말해 이 행동은 내가 되고자 하는 사람이 선택할

만한 행동인가?
- 이 행동을 생각하면 어떤 느낌이 드는가? 긴장, 공포, 불안, 분노 같은 것인가? 아니면 행복, 균형, 평온, 안전인가?

둘 이상의 행동, 경로, 방안, 태도 중에서 하나를 골라야 할 때 그중에서 나의 관심과 의지를 기울여서 증진하고 싶은 쪽이 무엇인지 생각해보세요. 때로는 무엇을 선택해도 불편과 시련이 불가피한 것처럼 보일 수도 있습니다. 그래도 주어진 조건에서 긍정적인 면을 찾아보세요. 그래서 회복력과 인내심을 기를 수 있는 쪽을 택하면 어떨까요?

<u>어떤 행동을 선택하는 것은 그 결과도 선택하는 것임을 명심하세요.</u> 그래서 우리는 이렇게 물어야 합니다. 나는 진심으로 그런 결과를 원하는가? 살다 보면 순전히 무언가를 피하기에 급급해서 나중에 어떤 일이 생길지 깊이 따져보지 않고 섣불리 행동할 때가 있습니다. 불교의 관점에서 볼 때 그런 행동은 부정적 업을 유발할 가능성이 큽니다.

우리가 어떤 행동을 선택하면 반드시 어떤 결과가 발생합니다. 아예 행동하지 않는 쪽을 선택하더라도 마찬가지입니다. 그렇다고 불안해하거나 걱정할 이유가 되진 않습니다. 오히려 업은 이 단락의 도입부에서 인용했듯이 "인간의 자유

에 대한 불후의 선언"입니다. 우리는 매 순간 복잡한 인과의 그물을 통해 주변 세상을 창조합니다. 우리가 뭔가를 선택할 때마다 새로운 가능성이 생깁니다. 그래서 우리의 자유는 굉장한 자유일 수 있습니다!

불교에서 윤회는 원인과 결과, 죽음과 재생, 집착과 고통이 영원히 반복되는 것입니다. 윤회와 업에서 벗어나는 방법 중 하나는 깨달음을 얻어 집착을 버리고 초월적 경지에 이르는 것입니다. 일상적인 차원에서 말하자면 우리는 업과 도덕이라는 측면에서 나의 모든 행동, 생각, 말이 부를 결과를 의식하기만 해도 더 나은 의사결정자의 경지에 이를 수 있습니다.

모든 문제에는 근본 원인이 있다

업의 법칙을 알면 이처럼 새로운 각도에서 나의 행동(말했다시피 생각, 감정, 인식도 '내적' 행동에 속합니다)을 볼 수 있습니다. 그뿐만 아니라 이 인과론적 사고모델을 통해 현상을 역순으로 볼 수도 있습니다. 즉, 나를 둘러싼 문제의 근본 원인으로 거슬러 올라갈 수 있습니다.

이 사고모델에 따르면 우리가 마주하는 모든 현상에는 최소한 한 가지 원인이 존재합니다. 어떤 현상이 왜 발생했는지 알면 그 현상을 더 깊이 이해할 수 있고, 그럴수록 삶을 의식적이고 주체적으로 살고 있다는 느낌이 강해집니다.

그러면 어떤 문제에 성급히 반응하지 않고 더 깊은 차원에서 대응하게 됩니다. '도덕'이라고 하면 모든 것이 좋은 것과 나쁜 것, 옳은 것과 그른 것으로 딱딱 나뉜다고 생각하기 쉽습니다. 하지만 우리에게 일어나는 현상은 과정의 일부로 존재할 뿐입니다. 그 과정이 어떻게 전개되고 있는지 알면 이미 문제가 발생했다고 해도 더 나은 결정으로 상황을 개선할 수 있습니다.

이런 관점에서 '도덕적' 의사 결정과 문제 해결을 시도하면 강렬한 감정에 휘둘릴 필요가 없습니다. 다시 말해 분노하고, 회피하고, 남이든 자신이든 탓할 필요가 없습니다. 그저 어떤 연유로 지금과 같은 사태가 발생했는지 따져보면 그만입니다. 그 방법이 어렵지도 않습니다. 다음의 5단계 문제 해결법을 보면 알 수 있습니다.

1단계

문제 규명하기

지금 정확히 무엇이 잘못됐는지 파악하세요. 문제를 두루뭉술하게 표현하지 말고 구체적으로 밝혀야 합니다.

> 현재 시각 오전 11시, 근무 중에 머리가 지끈거립니다. 안그래도 컨디션이 최악인데 옆자리 동료가 평소처럼 후루룩 소리를 내며 커피를 마시고 있습니다. 매우 거슬립니다. 얼굴을 주먹으로 한 대 치고 싶습니다.

2단계

역순으로 분석하기

이 상황이 발생하기 직전에 무슨 일이 있었는지 생각해보세요. 일련의 사건이 사슬처럼 엮여 있다고 생각하고 바로 앞의 고리가 무엇인지 알아내는 것입니다.

> 두통이 생기기 전에, 동료를 때려주고 싶은 충동을 느끼기 전에 무슨 일이 있었나요? 아, 늦잠을 자서 지하철을 놓쳤군요. 그래서 짜증이 났고요.
> 그런데 왜 늦잠을 잤을까요? 과학수사요원처럼 퍼즐을 한 조각씩 끼워 맞춰봅니다. 늦잠을 잔 이유는 늦게 잠들었기 때문이고, 늦게까지 깨어 있었던 이유는 두 시간 동안 SNS를 봤기 때문이며, 그렇게 SNS 삼매경

> 에 빠진 이유는 알림을 거부할 수 없었기 때문입니다.
> 이렇게 길게 이어진 사슬을 보니 머리가 아프고 동료
> 에게 화가 나는 현상의 원인은 지난밤 나의 행동이었
> 습니다.

3단계

근본 원인 규명하기

지금 겪고 있는 현상의 핵심 원인을 찾았다 싶을 때까지 계속 파고드세요. 물론 인류의 기원과 원죄로까지 돌아갈 필요는 없습니다. 일련의 사건이 본격적으로 시작된 지점만 발견하면 됩니다.

> 사건을 계속 거슬러 올라가서 '애초에 세상에 태어난
> 게 모든 문제의 근원이지…'라고 생각할 수도 있겠지
> 만, 그보다는 긴 사슬 중에서 내가 영향을 미칠 수 있
> 었던 부분에만 초점을 맞추는 편이 더 합리적입니다.
> 다시 말해 밤늦게까지 깨어 있게 만든 나의 행동에만
> 초점을 맞추는 것입니다.

4단계

계획 세우기

지금까지 알아낸 것을 토대로 상황을 개선할 계획을 세웁니다. 과거를 바꾸는 것은 불가능합니다. 불교에서는 우리에게 씌워진 업의 굴레에서 벗어나려면 마음을 정화해 모든 번뇌에서 탈피하는 수밖에 없다고 말합니다. 비록 우리가 그 경지에 이르진 못하더라도 지금까지 발생한 피해를 완화하기 위한 행동을 함으로써 앞으로 더 나은 선택을 할 수는 있습니다.

> 후루룩 소리를 내며 커피를 마시는 동료의 습관을 바꿀 수는 없고 과거로 돌아가서 더 일찍 잠들 수도 없습니다. 하지만 오늘의 행동을 바꿀 수는 있습니다. 그래서 잠을 더 잘 자고 제시간에 지하철역에 도착하려면 어떻게 해야 할지 적습니다.

5단계

행동하기

실수나 잘못된 선택의 결과를 만회하고 싶을 때 가장 좋은 방법은 행동에 나서는 것입니다. 나쁜 결과에 집착하지 마세요! 너무 늦지 않게 적절한 행동을 취해야 합니다.

> 퇴근 후 집에 와서 핸드폰의 SNS 알림을 해제하고, 밤 9시 이후로는 핸드폰을 다른 방에 두기로 결심합니다. 그러면 이제부터는 사슬이 완전히 다른 방향으로 이어집니다. 나를 위해 '좋은 업'을 쌓는 셈이죠. 잠을 더 잘 자고 제때 일어나서 제시간에 지하철을 타고 훨씬 좋은 컨디션으로 출근합니다. 대단한 것도 아니고 그냥 SNS 사용 습관만 바꿨을 뿐인데 회사에서 생산성이 더 오르고, 마음이 더 편안해지고, 동료에게 더 친절해집니다.

물론 이 5단계가 마냥 순조롭게 진행된다는 보장은 없습니다. 우리에게는 한계가 있기 마련입니다. 그러니까 내가 필요한 정보를 다 갖고 있지 않을 수 있고, 또 내가 상황을 보는 관점에 편견이나 맹점이 존재할 수 있다는 사실을 인정해야 합니다.

더 나아가 내가 어떤 현상을 둘러싼 복잡한 원인의 그물을 모두 볼 수 있다고 생각하는 '인식론적 오만'을 피해야 합니다. 그렇다고 해서 지금 확보한 정보를 최대한 활용하려는 노력을 게을리해서도 안 됩니다. 그런 노력이야말로 '누구나' 할 수 있는 것이니까요!

노력하는 것도 지칠 때

노자처럼
무위를 따르기

"자연은 서두르지 않으나
모든 것을 이룬다."
노자

노장사상은 '무위無爲', 곧 행동하지 않음을 중시하는 철학입니다. 무위는 설명하기가 몹시 어려운 개념이고, 특히 의식적인(더 나아가 극기克己와 같은) 행동을 중시하는 사고모델에 익숙한 사람에게는 더더욱 설명하기 어렵습니다. 무위는 나태, 수동성, 무관심과 다릅니다. 무위의 핵심은 '자연스러움'입니다. 인위적 노력 없이도 많은 것을 이룰 수 있다는 개념입니다.

앞 단락에서 논한 업은 모든 현상에 원인이 존재한다는 개념입니다. 우리가 어떤 현상의 인과론적 측면을 인지하고 의식적으로 행동하면 그 현상이 속하는 과정에 영향을 미칠 수 있습니다. 적어도 과거의 언행으로 만든 부정적 영향은 만회할 수 있습니다. 이런 인과론이 분명히 유익한 인식 체계이긴 하지만 더 넓은 시야에서 '노력'과 '행동'이란 개념을 보면 또 다른 세계가 열립니다.

우리 대부분은 살면서 주입받은 세계관이 있습니다. "고생 없이는 얻는 것도 없다(No pain, no gain)"라는 세계관입니다. 인생을 일종의 웨이트 트레이닝으로 보는 관점입니다. 원하는 것을 얻으려면 힘을 써야 한다는 논리이기도 하죠. 세계는 활력 없는 기계와 같아서 인위적인 힘으로 나의 의지에 굴복시켜야만 나의 목표를 달성할 수 있다는 의미입니다.

하지만 무위는 훨씬 온화한 세계관을 제시합니다. 어떤 결과에 대한 기대나 집착을 버리면 어떨지 생각해보라는 것입니다. 만일 인생의 흐름을 억지로 조종하려고 하지 않고 그 흐름을 수용한다면, 더 나아가 그 흐름에 순응한다면 어떻게 될까요? 무위론에 따르면 그럴 때 오히려 더 좋은 결과가 나옵니다.

그러고 보면 괜히 애서 봤자 더 어려워지기만 하는 일이 참 많습니다. 예를 들면 이렇습니다.

- 억지로 잠을 자려고 하면 정신이 더 말똥말똥해진다.
- 억지로 기발한 생각을 하려고 하면 생각이 더 막힌다.
- 억지로 좋아하려고 하면 더 싫어진다.

보다시피 애쓴다고 무조건 더 좋은 결과가 나오진 않습니다. 우리는 종종 괜한 노력을 합니다. 어떤 결과에 집착해서 그럴 수도 있고, 시야가 제한돼서, 지혜가 부족해서, 자존심이 너무 강해서 그럴 수도 있습니다. 하지만 무위는 순리를 강조합니다. 매사에 자연스러운 흐름을 바꾸려고 해봤자 몸과 마음만 지칠 뿐이니 그 흐름을 따르라는 것입니다. 예를 들면 이런 식으로요.

- 아무것도 안 하고 가만히 누워 있으면 더 쉽게 잠이 든다.
- 아무것도 기대하지 않고 아무 생각이나 하다 보면 문득 기발한 생각이 떠오른다.
- 무언가를 억지로 좋아하려고 하지 않고 편한 마음으로 대하다 보면 어느새 좋아진다.

무위를 알면 억지를 부리지 않고 자연스러운 흐름에 몸을 맡길 수 있습니다. 물론 이때도 정신은 깨어 있기에 언제든 필요한 행동에 나설 수 있습니다. 하지만 <u>덜 긴장하고, 덜 심각해지고, 자존심에 덜 휘둘립니다.</u> 그러면 쓸데없이 에너지를 쓰지 않고 마치 우연처럼 올바른 결과에 이릅니다. 고생 없이 얻는 것이죠!

무위는 아예 행동하지 않는다는 의미가 아닙니다. 다만 생각만큼 행동이 필요하지 않을 때도 있다는 것입니다. 살다 보면 어떤 문제로 속 끓이며 어떻게 할까 고민하던 중에 문제가 저절로 해결될 때가 얼마나 많나요? 이소룡은 무위가 항복이나 나약함을 의미하지 않고 오히려 그 반대임을 알았습니다. 그는 이렇게 말했습니다.

"좁은 틈새로 길을 만드는 물과 같아져라.
억지로 하려고 하지 않고 순리를 따르면 대상을 우회하거나 관통할 길이 보인다. 내 안에 뻣뻣한 것이 아무것도 없을 때 비로소 바깥의 것들이 드러난다. …
물은 흐를 수도 있고 깨트릴 수도 있다. 물이 되어라, 친구여."

때로는 위력으로 압도하기보다 요령껏 부드럽게 대응할 때 더 많은 것을 얻을 수 있습니다. 더 쉬운 길이 가장 좋은 길일 때도 있습니다. 오직 노력, 고생, 분투만이 성취의 길이라고 믿는다면 몸과 마음이 지치는 것은 물론이고 지금 나의 행동이 외부의 자연스러운 흐름이나 내면의 양심과 직관에 어긋난다고 알려주는 중요한 신호를 놓칠 수도 있습니다.

내가 생각하는 임무 중 90퍼센트가 스스로 만든 것이나 불필요한 것, 또는 완전히 틀린 것임에도, 호기롭게 돌진만 한다면 그 사실을 깨닫지 못합니다. 노력이 오히려 상황을 악화시키는 경우가 얼마나 많습니까? <u>무위의 핵심은 나보다 크고 현명한 힘에 순응해서 조화롭게 흘러가는 것, 곧 자연스러운 '몰입'입니다.</u>

여기까지는 괜찮습니다. 그런데 이런 인생관을 도대체 어떻게 활용할 수 있을까요?

당연한 말이지만 무위를 삶에 적용하는 것도 고생스럽지 않아야 합니다! 무위를 실천하겠다면서 온갖 기대와 의심과 분투의 소용돌이에 빠지거나, 나 자신이나 현실의 변화를 바라는 열망에 휩싸여서는 안 됩니다. 무위를 실천하겠다고 실력을 키우려고 들거나 번뜩이는 깨달음을 추구할 필요도 없습니다.

이 사고모델을 일종의 마음가짐 내지는 느낌이라고 생각하세요. 무위는 어떤 행동이 아니라 '행동 양식'입니다. 쉽게 말해 기분입니다.

뭔가를 '고치기' 위해 당장 뭐라도 해야겠다는 마음이 들 때 이런 질문을 해보세요.

내가 상황을 복잡하게 만드는 건 아닐까?

어쩌면 불합리한 기대(힌트: '~해야 한다'라는 말)나 완벽주의 때문에 상황이 실제보다 심각하게 느껴지는 것인지도 모릅니다. 혹시 본의 아니게 상황을 복잡하게 만들고 있진 않은지 오컴의 면도날로 점검해봐도 좋겠습니다. 언제나 앞으로 나아가는 것만 능사가 아닙니다. 가만히 있는 것도 한 방법입니다.

마리아의 고민

"내가 아니면 되는 일이 없어!"

마리아는 직장에서도, 가정에서도 자신이 모든 것을 도맡아 처리해야만 한다는 중압감을 느낍니다. 뭐 하나라도 잘못되면 비난의 화살이 자신에게 쏠릴 것만 같습니다.

하지만 만일 모든 일이 '자연스럽게' 풀린다면 자신의

> 태도가 어떻게 달라질지 생각하자 비로소 자신이 유일한 책임자가 아니라는 사실을 깨닫습니다. 자신이 개입하지 않아도 세상이 알아서 잘 돌아간다는 사실을 알게 됩니다.

이렇게 한 걸음 물러나서 보니 매사에 책임감을 느끼며 사서 고생할 필요 없이 쉽게 생각해도 괜찮겠다는 마음이 생깁니다. 가끔은 그냥 손 놓고 주변이 알아서 돌아가게 놔둬도 괜찮습니다. 그러면 애초에 자기가 뭘 그렇게 걱정했는지조차 잘 기억나지 않을 것입니다.

필요 이상으로 노력하는 건 아닐까?

스포츠 스타들은 약속이나 한 듯이 자신은 110퍼센트의 노력을 기울인다고 말합니다. 그런 태도가 나쁘다는 말은 아닙니다. 우리는 언제나 한계에 도전할 수 있습니다. 하지만 그럴 때 좋은 결과만 나오는 게 아니라 역효과가 생겨서 번아웃이 오거나 불행해질 수도 있습니다.

작고 쉬운 일에는 에너지를 조금만 써도 됩니다. 어려운 일을 할 때도 일단 가볍게 시작해서 필요에 따라 노력의 강도를 높이면 됩니다. 단, 필요 이상으로 노력해서는 안 됩니다. 무리하고 있다는 생각이 들면 물러서도 괜찮습니다. 잠시 쉬면서 재정비한 후 다시 시도하면 됩니다. 아무리 어려운 일이라고 해도 번아웃까지 갈 필요는 없습니다. 이소룡의 말처럼 물은 그저 흐르는 것만으로 단단한 바위를 닳게 합니다.

물 흐르듯 자연스러운 '몰입' 상태는 피로, 무리, 부담과 전혀 상관없습니다. 몰입은 너무 쉽지도, 너무 어렵지도 않은 최적의 상태입니다. 취미로 마라톤을 하는 켈빈은 부상을 당하고서야 그 이치를 깨달았습니다. 이제는 마라톤만 아니라 인생에서도 장거리를 달리려면 억지로 뭔가를 더 하려고 하지 않고 적당한 속도를 유지하면서 가끔은 힘을 뺄 줄도 알아야 한다고 생각합니다.

비현실적인 기대를 품고 있진 않나?

우리가 뭔가를 '해야 한다'고 생각할 때 현실에 근거하지 않은 경우가 많습니다. 대신 현실이 어떠해야 하고 그 속에서 자신이 어떠해야 한다는 기대나 신념에 근거한 것입니다. 그런데 이처럼 실제와 동떨어진 열망은 오히려 스트레스와 피로만 유발할 수 있습니다.

나의 희망, 욕구, 기대가 당연히 건전하다고 생각해서 그런 갈증이 채워지지 않으면 화를 낼 때가 얼마나 많은가요? 누구나 과거를 돌아보면 편협한 세계관에 근거해서 기대와 욕구를 품었던 때를 쉽게 발견할 수 있습니다(10대 시절 기억나시죠?). 지금은 안 그렇다는 보장이 있을까요?

다음번에 어떤 문제에 봉착했다는 생각이 들 때 그게 진짜로 문젯거리인지, 아니면 자신이나 타인, 또는 현실에 기대하거나 바라는 게 있어서 문제로 인식되는 것은 아닌지 한번 생각해보세요. 우리는 왜 무엇은 어떠해야 한다는 선입견에 그렇게 집착할까요? 왜 내 판단이 항상 옳고 내가 모든 것을 가장 잘 안다고 생각할까요? 왜 인생이 다른 사람이 아닌 나의 욕구에 순응해야 한다는 생각에 빠져서 억지로 뭔가를 바꾸려고 들까요?

베스의 고민

"결혼 생활이 왜 이렇게 힘들지?"

남편과 말이 통하지 않는다고 생각해 늘 답답함을 느끼던 베스는 이런 질문을 통해 큰 깨달음을 얻었습니다. 부부간의 불화라는 문제에 직면해서 곰곰이 생각

> 해보니 자신이 바라고 기대하는 게 너무 많았습니다. 더군다나 애초에 불화가 있다는 사실 자체를 부끄럽게 여기고 있었습니다.
>
> 베스는 관계를 개선하기 위해 노력은 하되 괜히 자신을 탓해봐야 소용이 없다는 사실을 알았습니다. 그동안 베스는 '내 결혼 생활은 쉬워야 해'라는 신념이 확고했고, 그래서 더 마음고생이 심했습니다. 하지만 그런 기대를 놓아버리자 상황이 한결 쉽게 풀리기 시작했습니다. 각자 다른 환경에서 나고 자라 수십 년간 다르게 살아온 사람들이 만났는데, 결혼 생활이 항상 쉬울 수는 없다는 걸 깨달았기 때문입니다.

상황을 있는 그대로 지그시 바라보기

우리가 생각하는 문제의 해법이 사실은 회피에 불과할 때가 많습니다. 얼른 괴로움에서 벗어나고 싶어서 그렇습니다. 하지만 겁을 먹고 도망치기에 급급하면 무의식중에 과도한 행동을 하게 됩니다. 그래서 문제가 더욱 심각해집니다!

그래서 우리는 정신을 똑바로 차리고 지금, 이 순간을 '있는 그대로' 경험해야 합니다. 저항하지도, 집착하지도, 왜

곡하지도 않고 순순히. 그러면 웬걸, 강렬하고 부정적인 감정이 저절로 사라지기도 합니다. 그때를 못 기다리고 그 뜨거운 감정에 사로잡히면 불필요한 행동이 불필요한 결과를 부릅니다.

> **제시카의 고민**
>
> ## "나는 결정내리는 게 왜 이렇게 어려울까?"
>
> 중대한 결정을 내려야 할 때면 항상 패닉 상태에 빠졌던 제시카는 '무위'를 실천하면서 긴장되는 상황에서도 정신을 차리는 법을 터득했습니다.
> 하던 일을 멈추고 심호흡을 한 후 그 순간에 집중하니 마음이 진정되면서 현재 처한 상황과 자신의 반응을 더 균형 잡힌 시각으로 볼 수 있었습니다. 그후에도 압박감이 몰려올 때 폭음을 하는 등 나쁜 습관을 되풀이하고 싶은 욕구가 강렬하게 일어날 때 제시카는 모든 것을 멈추고 그 욕구를 지그시 관찰합니다.

욕구를 직시하며 버텨보세요. 그러면 그토록 간절해서 거부할 수 없을 것처럼 느껴졌던 충동이 언제나 단 몇 분 만에 사라집니다. 우리가 겪는 문제는 이처럼 금방 사라져버릴 자극에 반사적으로 반응해서 생기는 경우가 많습니다. 정신을 똑바로 차리고 한 발짝 떨어져서 가만히 지켜보면 모든 자극에 대응할 필요가 없고 어떤 자극도 영원하진 않다는 사실을 알 수 있습니다. 어떤 것이 관심을 요구한다고 꼭 관심을 기울일 필요는 없습니다.

예전의 나를 완전히 바꾸고 싶을 때

✣

체스터턴의
울타리를 생각하기

"분노와 광기는 신중과 선견으로
100년에 걸쳐 쌓을 수 있는 것보다 더 많은 것을
단 30분 만에 무너뜨린다."

에드먼드 버크 Edmund Burke

어떤 선량한(하지만 오지랖이 넓은) 사람이 들판을 걷다가 울타리를 발견합니다. 누가 왜 세웠는지 알 수 없는 울타리는 삭아서 무너지기 직전이고 넘어 다니기도 불편합니다.

주변을 둘러보니 한가롭게 풀을 뜯어 먹는 소 떼뿐입니다. 울타리는 아무 쓸모가 없는 게 분명합니다. 그는 들판을 지나다니는 사람이 자신 말고도 많은데 이 낡고 볼품없는 울타리가 불편을 끼치니까 그들에게 '도움'을 주기 위해 부숴 버리기로 합니다. 어차피 이제는 아무 쓸모도 없이 낡아빠진 시설물이니까요.

몇 달 후 들판의 소 떼가 모조리 죽습니다. 그 낡은 울타리가 사실은 치명적인 결핵균을 옮기는 오소리와 풀을 뿌리까지 뜯어 먹는 양을 막고 있었던 것입니다. 소들은 결핵에 걸리고 긴 풀이 없어서 굶어 죽습니다.

이 이야기는 G. K. 체스터턴G.K Chesterton의 《그것: 내가 가톨릭 신자인 이유The Thing: Why I am a Catholic》에 실린 예화입니다. 선량한 개혁가가 현대화, 쇄신, '도움'을 시도하다가 본의 아니게 문제를 일으키는 상황을 보여줍니다. 그 사람이 이런 피해를 준 이유는 악의가 있어서가 아니라 시야가 좁고 상상력이 부족해서 큰 그림을 보지 못했기 때문입니다. 엄연히 쓸모가 있는 물건을 쓸모가 없다고 속단한 탓에 어리석은 결정을 내리고 말았습니다.

<u>체스터턴이 이 예화를 제시한 이유는 옛사람들이 만든 해법이 이제는 소용없다고 속단하고 무작정 오래된 관행과 규범을 혁파하려 드는 태도에 경각심을 불러일으키기 위해서였습니다.</u>

이야기를 조금 바꿔보겠습니다. 어느 오지랖 넓은 사람이 들판의 울타리를 보고 "이 쓸모도 없는 것 치워버립시다"라고 말합니다. 그러자 나이가 지긋하고 현명한 농부가 "그

울타리는 늑대를 막는 용도요"라고 충고합니다. 오지랖 넓은 사람이 주위를 둘러보지만 늑대는 한 마리도 보이지 않습니다. 실제로 그 일대에서는 수십 년간 늑대가 목격되지 않았습니다. 그는 '이 울타리만 쓸모없는 게 아니라 언제 적 얘기를 하는지 모를 이 노인네도 쓸모가 없긴 매한가지군'이라고 생각합니다. 그래서 울타리를 무너뜨립니다. 그러자 가혹한 진실이 드러납니다. 그동안 늑대가 보이지 않았던 이유가 바로 그 울타리 덕분이었다는 것입니다.

체스터턴이 말하는 울타리는 사회적 울타리였습니다. 그는 어떤 문화적 산물이 애초에 누가, 왜 만들었는지 알 수 없다고 해서 무조건 불필요한 것으로 치부하면 안 된다고 봤습니다. 철학자 에드먼드 버크도 비슷한 말을 했습니다. 돌발적이고 급진적인 변화는 예상치 못한 결과를 부를 수 있으니 언제나 점진적 개혁이 더 낫다는 것입니다.

이런 충고는 사회적 차원만 아니라 우리의 일상에서도 유효합니다. 물론 체스터턴이 오래된 것은 다 좋은 것이니까 절대로 '개혁'을 시도해서는 안 된다고 말한 것은 아닙니다. 그는 오히려 이렇게 말했습니다.

"더 현명한 개혁가라면 당연히 이렇게 말할 것이오. '그 쓸모를 모른다면 없애는 것을 허락한 수 없소. 돌아가서 더 생각해 보시오. 그 후에 다시 와서 이제 그 쓸모를 알겠다고 한다면 그때 파괴를 허락하겠소.'"

그러니까 중요한 것은 오래되고 말고가 아니라 쓸모를 아느냐 모르느냐입니다. <u>큰 변화를 일으키거나 중대한 결정을 하고 싶다면 반드시 내가 지금 무엇을 하려는 것인지, 왜 하려는 것인지, 예상되는 결과는 무엇인지 확실히 '알아야' 합니다.</u> 사람들은 그런 부분을 소홀히 여기죠!

그래서 체스터턴의 울타리는 내 생각을 돌아보게 한다는 점에서 메타적 사고모델이라고 할 수 있습니다. 이 사고모델에 따르면 우리는 이렇게 물어야 합니다. 과연 지금 내가 문제를 보는 관점이 가장 현명하고 가장 근거가 탄탄한 관점인가?

앞에서 말한 업이라는 개념과 일맥상통하는 이야기라고도 할 수 있습니다. 우리가 하는 모든 행동에는 이후에 감수해야만 하는 결과가 따릅니다. 그래서 우리는 내가 만물의 이치를 정확히 아는 완벽한 행위자라고 착각하면 안 됩니다. 무위가 필요한 이유도 우리기 모든 원인, 결과, 힘의 흐름을 알 수 없기 때문입니다. 무엇이 반드시 어떠해야 한다는 아집을 버릴 때 비로소 나의 가정이 얼마나 부실한지 알 수 있습니다.

우리는 잠재적 결과를 모두 예측할 수도 없고 나의 지식에 어떤 빈틈이 있는지도 다 알 수 없습니다. 그래서 체스터턴의 울타리를 기억해야 합니다. 중대한 결정을 내려야 할 때일수록, 그리고 어떤 것을 '문제'로 인식했을 때일수록 우리는 더욱더 마음을 열어야 (그리고 조금 더 겸손해져야) 합니다. 어떤 것을 구식이라거나 쓸모없다고 치부하기 전에 정말로 그런지 확인하기 위해 다음과 같이 물어보면 좋겠습니다.

질문1

이것은 1유형 결정인가, 2유형 결정인가?

제프 베이조스는 2015년, 아마존 주주서한에서 의사 결정의 유형을 두 가지로 분류했습니다. 우선 1유형은 사실상 돌이킬 수 없는 결정입니다. 울타리를 부수는 것, 사형을 선고하는 것, 독한 약을 복용하는 것, 완전히 의절하는 것, 팔을 절단하는 것, 고대 유물을 파괴하는 것 등은 당연히 한 번 더 생각해봐야 할 문제입니다.

베이조스는 돌이킬 수 없는 결정을 내리기 전에 반드시 신중에 신중을 기해야 한다고 말합니다. 체스터턴의 표현을 빌리자면 "돌아가서 더 생각해보시오"라는 것이죠. 그 결정으로 발생할 수 있는 '부정적' 결과를 모두 따져봐야 합니다.

반면에 2유형은 돌이킬 수 있는 결정입니다. 그 결정으로 생기는 변화를 (어려울지언정) 되돌릴 수는 있습니다. 베이조스는 이런 결정을 내릴 때라면 또 다른 마음가짐이 필요하다고 말합니다. 장점과 단점을 잘 따져보되 잠재적 이익에 훨씬 높은 가중치를 부여해서 '긍정적' 결과에 초점을 맞추라고 합니다. 그러면 열린 마음으로 호기심을 발휘해 과학자와 같은 자세로 상황을 탐색할 수 있습니다.

어떤 결정을 내려야 할 때는 그 결정이 어느 쪽에 속하는지 생각해보세요. 1유형 결정을 너무 서두르면 돌이킬 수 없는 결과(그리고 더 많은 문제)가 생길 수 있지만, 2유형 결정을 너무 망설이면 기회비용이 발생하고 시간만 낭비하게 됩니다. 2유형 결정은 차라리 저지르고 나서 데이터와 교훈을 얻는 편이 더 나을 수도 있습니다.

질문2

이것은 왜 이렇게 존재하는가?

문제 해결 모드일 때는 현재 상태가 무조건 나쁘다고 봐서 내가 생각하는 올바른 상태로 만드는 것만이 답이라고 착각하기 쉽습니다. 즉, 내가 원하는 대로 밀어붙이려고 합니다. 하지만 여기에는 함정이 존재합니다. 어떤 것을 내 기호에 맞추는 게 무조건 '문제 해결'은 아니기 때문입니다.

내가 원하는 결과에만 집착하면 중대한 정보를 놓칠 수 있습니다. 다시 말해 바로 눈앞에서 펼쳐지는 현상을 보고도 인지하지 못합니다. 그래서 지금 내가 어떤 문제를 다루고 있는지 정확히 파악하지 못합니다.

예를 들어 당신이 어떤 회사에 생산성을 증진할 사람으로 영입됐다고 해보죠. 출근 첫날부터 인력과 자원이 낭비되는 영역을 찾아봅니다. 보아하니 영업팀이 잠재 고객들에게 값비싼 저녁을 대접하느라 매달 엄청난 돈을 쓰고 있습니다. 그래서 비용 절감을 위해 접대비를 대폭 삭감합니다. 그리고 6개월 후, 매출이 평소의 3분의 1 수준으로 폭락합니다.

어떻게 된 일일까요? 곰곰이 살펴보니 그 값비싼 저녁이 장기적으로 더 많은 매출을 일으키는 요인이었습니다. 그런 거시적 차원의 가치를 몰랐기 때문에 '울타리'를 제거해버린 후에야 처음에는 낭비처럼 보였던 접대와 인맥 관리가 고객 유치에 큰 역할을 했다는 사실을 알게 된 것입니다.

중요한 결정이나 문제에 봉착했을 때는 얼핏 보기에 쓸모없거나 불필요하게 느껴지는 것이 거시적 관점에서 어떤 역할을 하는지 면밀히 따져봐야 합니다. 성 사시고 시대에 뒤떨어진 규정일지언정 모든 것이 다 '그럴 만한 이유'가 있어서 존재하고 나름의 쓸모가 있을 것이라는 가정을 기본으로 깔고 가야 합니다.

울타리가 땅에서 저절로 자랄 리는 없고 사람들이 아무 이유도 없이 울타리를 쳤을 리도 없습니다. 마찬가지로 지금 우리 주변에 있는 모든 것은 모두 일련의 선택과 결정을 거쳐서 존재하는 것입니다. 그러니까 우리는 일단 그 연원을 확인해야 합니다.

질문3

내가 그 결정을 하려는 진짜 이유가 무엇인가?

체스터턴의 에세이집 《이단Heretics》에 또 다른 예화가 나옵니다.

"가령 영향력 있는 사람들이 가로등을 철거하려고 하면서 일대 소동이 일어났다고 해보자. 잿빛 수도복을 입고 중세의 정신을 숭앙하는 수도사에게 고견을 구하자 스콜라 철학자 특유의 건조한 화법으로 말한다. '여러분, 우선 빛의 가치를 따져봅시다. 만일 빛이 그 자체로 옳은 것이라면….' 하지만 사람들은 어쩌면 당연하달까, 그 말이 다 끝나기도 전에 수도사를 때려 눕힌다. 그러고는 우르르 달려가서 10분 만에 가로등을 무너뜨린 후 자신들의 탈중세적 실용주의를 서로 칭찬한다.

하지만 이후의 사정은 그리 만만하지 않다. 어떤 사람은 전구를 가져가려고 가로등을 쓰러뜨렸고, 또 어떤 사람은 고철을 가져가려고 쓰러뜨렸다. 어떤 사람은 악행을 가려줄 어둠이 필요했다. 어떤 사람은 가로등이 부실하다고, 또 어떤 사람은 가로등이 과하다고 생각했다. 어떤 사람은 행정을 마비시키기 위해, 또 어떤 사람은 뭐라도 때려 부수고 싶어서 행동에 나섰다. 이제 한밤중에 누가 누구를 때리는지도 모르는 난투극이 벌어진다. 그 후 하루, 이틀, 사흘이 지나자 점차 수도사의 말대로 빛의 가치를 따져봤어야 했다는 여론이 형성된다. 하지만 이제는 가로등 불빛 아래에서 논했던 것을 어둠 속에서 논할 수 있을 뿐이다."

여기서 기독교 변증가였던 체스터턴은 문화적이고 신학적인 차원의 이야기를 하고 있습니다. 그는 과거의 전통과 지혜를 보존하고 싶은 욕구와, 과거를 거부하고 혁신과 진보를 통해 왠지 더 나을 것 같은 상태를 만들고 싶은 충동 사이에서 끊임없이 갈등이 빚어지는 현실을 보여주기 위해 이 예화를 제시했습니다.

이 원리는 우리의 일상에도 적용할 수 있습니다. 우리는 옛사람들이 모두 어리석기 짝이 없었고 그들의 생각이 아무리 흥미롭다고 한들 이제는 기억할 필요가 없다고 치부할 때가 얼마나 많은가요? 지난 수천 년간 축적된 경험과 지혜를 무시하고 오로지 최근 10~20년 사이에 탄생한 것만 인류에게 가치 있다고 간주할 때가 얼마나 많습니까?

그리고 우리의 삶을 변화시키고 개선하겠다면서 당연하다는 듯이 과거를 잊고 연장자의 조언과 지혜를 무시할 때는 또 얼마나 많은지요? 심지어는 과거의 자신이 건네는 충고마저도 무시하지 않습니까? 때로는 개선·개량·업그레이드를 바라는 마음이 일종의 역사적 무지에서 비롯되기도 합니다. 그럴 때 우리는 가치 있는 정보를 잔뜩 놓치기 쉽습니다.

뭔가를 바꾸고 싶을 때는 그 '이유'가 무엇인지 깊이 있게 생각해봐야 합니다. 정말로 현재의 것이 시대에 안 맞고 한심하고 쓸모없기 때문인가요? 혹시 그저 나만 잘났다는 생각으로 그러는 것은 아닌가요? 체스터턴의 가로등 예화에서 모든 사람이 고결한 마음으로 가로등을 쓰러뜨리진 않았습니다. 그처럼 우리가 큰 변화를 도모할 때도 항상 타당한 이유가 존재한다는 법이 없습니다.

우리는 중대한 결정을 내릴 때 겉으로는 그럴싸한 이유를 내세우면서 실제 동기를 숨길 수 있습니다. 심지어는 자기 자신조차도 실제 동기를 모를 수 있습니다. 그러므로 겸손하고 솔직하게 내면을 살펴봐야 합니다. 우리는 어떤 변화의 당위성을 부르짖으며 내가 미래를 보는 시각이 옳다고 큰소리치지만 체스터턴의 예화에서 보듯이 '개선'이 필요하다는 생각은 두려움, 자만심, 욕심으로 얼룩져 있을 때가 많습니다.

힐러리의 고민

"비건인데, 패스트푸드를 먹어버렸다."

동물권 운동가로서 강한 자부심을 느끼는 힐러리는 이제 비건이 되는 게 옳다고 생각합니다. 이미 채식을 하고 있지만 과감히 유제품과 달걀도 끊기로 합니다. 하지만 그 결과로 항상 허기와 불만이 가시지 않아 몇 달 만에 기름진 고기가 들어간 패스트푸드를 찾게 됩니다. 오랫동안 채식주의자로서 건강한 식단을 유지했지만 비건 식단을 시작한 후 몇 달을 못 버티고 채식주의를 완전히 위반하는 음식을 먹기 시작한 것입니다.

힐러리는 심한 자괴감을 느끼면서, 얼마 후 자신이 더 나은 사람이 되기 위해 감내해야 했던 모순을 깨닫습니다. 달걀과 유제품을 먹는 '나쁜 습관'이 바로 건강한 채식 식단을 꾸준히 유지하는 비결이었다는 사실입니다! 단기적으로는 달걀과 유제품을 끊는 게 '옳은 것'처럼 보였지만 장기적으로는 더 나쁜 결과를 불렀습니다. 처음에는 달걀과 유제품이 자신을 방해하는 '울타리'로 느껴졌지만 알고 보니 좋은 보호막이었던 것입니다.

힐러리는 그 '나쁜 습관'에 쓸모가 있는 줄 몰랐습니다. 인정하고 싶진 않지만 모든 영양소가 골고루 들어간 균형 잡힌 식단을 유지해야 한다던 선인들의 충고가 괜한 소리가 아니었습니다. 다시 식단을 조정한 후 힐러리는 비건이 되고 싶었던 이유가 처음에 말했던 것과 다르다는 사실을 깨닫습니다. 진짜 이유는 '좋은 사람', 완전무결한 채식주의자가 되고 싶은 욕망에 있었습니다.

요약

- 업이란 개념을 알면 우리 삶에 펼쳐진 결과의 근본 원인을 파악해 문제를 해결할 수 있습니다.

  업은 생각과 감정에서 자연스럽게 행동이 발생하고 그 행동에서 원인과 결과, 즉 인과관계가 발생해 우리가 사는 세계가 형성되는 이치를 설명합니다. 존재하는 모든 것은 구체적 원인이 있습니다. 덕행은 조화를, 악행은 번민을 부릅니다.

  우리가 하는 모든 행동은 업에 의한 충동과 환경적 요인이 맞물려 발생하는 결과로 볼 수 있습니다. 지각 있는 사람은 업에 의한 습관과 타성에 저항할 수 있습니다. 우리는 항상 나의 선택이 불러올 결과를 의식하고 업과 도덕이란 측면에서 나의 생각과 언행이 미칠 영향을 따져봐야 합니다.

- 무위는 '행동 없는 행동'이라는 의미로 자연의 순리를 따르는 것을 말합니다. 어떤 결과에 대한 기대나 집착을 버리면 역설적으로 더 좋은 결과를 얻을 때가 많습니다. 긴장을 풀고, 너무 심각하게 생각하지 말고, 자존심을 내려놓으세요. 항상 생각만큼 큰 노력이 필요하진 않습니다.

Φ 체스터턴의 울타리 예화는 갑작스럽고 급진적인 변화가 예상치 못한 결과를 부를 수 있으므로 점진적 개혁이 더 낫다는 의미입니다. 무엇이든 그 기능을 알지도 못하면서 무작정 없애버리면 안 됩니다. 큰 변화를 결정하기 전에 어떤 결과가 발생할 수 있는지 분명히 알아야 합니다.

어떤 결정이 1유형(돌이킬 수 없음)인지 2유형(돌이킬 수 있음)인지 생각해보세요. 자신의 동기를 솔직하게 파악하세요. 어떤 것이 문제가 있거나 쓸모가 없어 보이더라도 먼저 그 기능이 무엇인지 확인하세요.

3장

Philosopher's Mental Models

철학자의 사고모델 세 번째

장기적 의미의 결정

Nietzsche ○ Pascal ○ 初心

문제와 선택을 또 다른 관점에서 보기 위해 우리의 현미경에서 '대물렌즈'를 다시 한번 돌려보겠습니다. 우리는 아침으로 무엇을 먹을까, 넷플릭스에서 무엇을 볼까, 우산을 들고 나갈까 말까 등 사소한 선택을 많이 합니다.

그런데 렌즈의 배율을 줄여 멀리서 보면 미시적 차원의 논리, 합리성, 인과관계가 희미해지고 큰 그림이 눈에 들어옵니다. 장기적으로 보면 그런 미시적 요소들이 어떻게 결합하여 인생을 형성하는 걸까요? 인생이라는 그림을 붓 자국 하나까지 다 드러날 만큼 가까이서 보다가 한 걸음 물러나서 전체를 보면 어떻게 될까요? 지금껏 우리가 그린 그림은 무엇일까요? 그 그림은 균형이 잡혀 있을까요? 조화로울까요? '아름답다'고 할 수 있을까요?

이 장에서는 더 추상적이고 철학적인 차원에서 선택, 자유의지, 인생의 흐름을 논하려 합니다. 니체, 파스칼, 선종禪宗에 관해 이야기해보겠습니다.

인생의 의미를 모르겠을 때

✢

니체처럼
'아모르 파티'

"나의 사상은 이렇게 말한다.
너의 과업은 다시 살기를 원할 수밖에 없도록 사는 것이다.
어차피 그렇게 될 테니!"

프리드리히 니체

먼저 한 가지 확실히 해둘 점이 있습니다. 철학자 프리드리히 니체의 저작은 예나 지금이나 철학자들조차도 해석하기가 어렵습니다. 어쩌면 철학자들이야말로 가장 애를 먹는지도 모릅니다. 니체는 허무주의자였습니다. 즉, 모든 덕목에는 근거가 없고, 인생은 기본적으로 무의미하며, 우리 삶의 그 무엇도 진정으로 알거나 설명할 수 없다고 봤습니다. 무슨 그렇게 비관적인 사상이 다 있냐고 하겠지만 니체는 도리어 그렇기에 인간이 자유를 누릴 여지가 생긴다고 긍정적으로 봤던 것 같습니다. 그래서 인생의 무의미함을 수용할 때만 진정한 희망이 생긴다고 말합니다.

만일 인생이 정말로 무의미하고 모든 덕목과 결정에 우열이 없다면 도대체 우리는 어떻게 살아야 할까요? 이제부터 이야기할 니체의 사고모델은 영원회귀 사상입니다. 그 골자는 어떤 결정을 할 때든 간에 영원히 똑같은 결정을 한다면 어떻게 될지 상상해보라는 것입니다. 이것을 앞에서 살펴본 제프 베이조스의 1유형 결정이라고 해보죠. 결과를 영영 돌이킬 수 없을 뿐만 아니라 영원히 반복되는 결정입니다.

황당한 개념으로 들릴 수 있습니다. 하지만 니체는 그렇게 생각할 때 우리가 어떤 선택을 하든 실용성, 관습성, 편의성, 도덕성을 초월하는 특성을 인지할 수 있다고 봤습니다. 니체는 언제든 선택을 번복할 수 있다는 희망을 품고 행동하면 절대로 안 된다고 말합니다. 대신 영원히 선택의 결과를 감내하겠다는 각오로 행동하라고 충고합니다.

니체가 진심으로 인생을 그렇게 봤는지, 아니면 그저 일종의 사고실험으로서 그런 인생관을 제시했는지는 불분명합니다. 나딤 후세인Nadeem Hussain 같은 철학자는 니체가 말한 것처럼 생각할 때 인생의 무의미성을 재해석함으로써 진정으로 희망을 품고 자유를 누릴 수 있다고 주장합니다.

여기서 니체의 철학을 더 깊이 파고들지는 않겠습니다. 우리는 니체의 사고모델을 우리의 목적에 맞게 활용할 수 있는지만 알면 됩니다. 중대한 선택의 기로에서 도덕성이나 실용성만 따져서는 명쾌한 답이 나오지 않는다면 다음과 같은 요소를 생각해봐야 합니다.

욕망: 내가 진정으로 원하는 것

'선악의 저편'에서 내가 진정으로 원하는 게 무엇인지 생각해보세요. 선악의 저편은 모든 것을 선과 악으로만 보는 이분법을 초월한다는 의미로, 니체가 쓴 책의 제목이기도 합니다.

니체는 도덕적 판단이 사실은 개인의 기호를 반영할 뿐이고 애초에 옳고 그름이란 존재하지 않는다고 봤습니다. 설령 그 말에 동의하지는 않더라도 어떤 결정을 내릴 때 그런 관점을 취해보는 것도 도움이 됩니다. 허무주의자로서 니체는 우리가 무엇을 좋거나 나쁘다고 선언할 때 사실은 개인적 견해나 대대로 물려받은 문화적 관습을 표출하는 것일 뿐 현실을 타당하게 설명하는 것은 아니라고 봅니다.

그런데 어떤 것을 '좋은 것'이나 '나쁜 것'이라고 명명하는 순간 비판적 사고가 중단될 수 있습니다. 그냥 자신이 좋은 것을 원하고 나쁜 것은 원하지 않는다고만 생각하게 됩니다. 생각을 바꿔서 영원회귀의 관점에서 이렇게 물어보면 어떨까요? "좋은 것과 나쁜 것이라는 꼬리표에 연연하지 않고 내가 진심으로 원하는 것은 무엇인가? 내가 영원히 반복돼도 좋다고 할 만큼 강렬하게 원하는 것은 무엇인가?"

> **제니의 고민**
>
> ## "의사라는 직업을 내가 진정으로 원할까?"
>
> 제니는 어릴 때부터 의사가 자신의 길이라고 생각했습니다. 부모님이 의사인 데다 문화적으로 의사가 고귀한(그리고 벌이가 좋은) 직업이라는 인식이 존재하고 지금까지 남을 돕고 살리는 사람으로 사는 게 '좋은 것'이란 생각에 의문을 품어본 적이 없었습니다.
> 하지만 막상 의사가 되자 알게 됩니다. 자신이 진심으로 '원하는' 일이 아니란 것을요. 영원은커녕 단 1년도 더 버틸 수 없을 것 같습니다. 의사가 되기 전에 자신이 '좋다'고 생각하는 진로에 관해 더 깊이 생각해봤다

> 면 인생의 의미와 가치는 남들이 말해주는 것을 덥석 믿을 게 아니라 스스로 만들어야 한다는 사실을 진작 깨달았겠죠.

사실 허무주의를 인생의 철학으로 삼긴 어렵습니다. 하지만 내가 당연시하던 의미의 척도를 거부하고 마음속을 깊이 들여다본다면 그간 몰랐던 흥미로운 사실을 깨닫게 될지도 모릅니다. 만일 어떤 것을 선택한 결과를 영원히 감수해야만 하더라도 그것을 선택하겠습니까?

결과: 영원히 반복되어도 좋은가?

장기적, 아니, '초 장기적' 결과를 생각해보세요.

지금 결정해야 할 사안에 얽힌 감정과 희망을 모두 치워놓고 한 걸음 뒤로 물러나서 더 큰 그림, 전 생애가 담긴 그림을 봅시다. 앞으로도 영원히 똑같은 결정이 반복된다고 생각해보세요. 어떻게 보면 정말로 그런 영속성이 존재합니다. 이번 결정이 부른 결과가 또 다른 결과를 부르고 그 또한 다른 결과로 이어지는 연쇄 작용이 발생할 테니까요.

현재의 선택이 미래의 나를 만들고 미래의 나도 나름의

선택을 할 것입니다. 그래도 지금 선택하려는 것을 선택하겠습니까?

청소년기에 문신을 새기면 나중에 그런 선택을 하게 했던 생각이 바뀐다고 해도 몸에 생긴 무늬는 그대로 남습니다. 어릴 때는 갈기가 불타는 사자를 가슴에 새기면 멋있을 것 같습니다. 하지만 앞으로도 계속 그럴까요? 청소년은 결국 청년이 되고 중년이 되고 노년이 됩니다.

청소년기에 문신을 새긴다면 사실상 평생 같은 선택을 하게 됩니다. 매일 아침 일어날 때마다 다시 한번 가슴에 문신을 새기는 것에 동의하는 셈이죠.

우리는 어떤 일을 후회할 때 과거를 돌아보며 "그때 그렇게 생각하지 말걸. 앞으로 어떤 기분일지 알았으면 좋았을 텐데!"라고 말합니다. 어쩌면 니체는 우리에게 그 반대를 촉구하고 있는지도 모릅니다. 이렇게 물어보라는 것이죠. "앞으로 내 인생이 어떻게 펼쳐질지를 고려해도 지금처럼 생각할 것인가? 아니면 지금과 다른 선택을 할 것인가?"

수용: 삶을 그 자체로 사랑하라

인생을 지금 있는 그대로 받아들이면 어떨지 생각해보세요. 니체의 《즐거운 학문》에는 영원회귀 사상을 잘 보여주는 이야기가 나옵니다.

"어느 날 낮이든 밤이든 악마가 너의 가장 깊은 고독 속으로 들어와 이렇게 말한다면 어떻게 하겠는가? '너는 지금 살고 있고 지금껏 살아왔던 삶을 앞으로 무수히 반복할 것이다. 거기에 새로운 것은 아무것도 없이 똑같은 고통과 똑같은 기쁨과 똑같은 생각과 탄식과 네가 살면서 경험한 것은 아무리 작거나 크든 간에 하나도 빠짐없이 똑같은 순서로 반복될 것이고, 심지어는 저 거미와 저 나무 사이로 비치는 달빛과 바로 지금, 이 순간과 나조차도 다시 찾아올 것이다. 존재의 영원한 모래시계가 거듭 뒤집힐 것이고 한낱 먼지에 지나지 않는 너 또한 그럴 것이다!'"

이어서 니체는 말합니다.

"모든 일에 대해 '이것을 무수히 반복하기를 원하는가?'라는 질문이 너의 행동에 최대의 무게로 얹힐 것이다! 이 궁극적이고 영원한 확인과 봉인을 무엇보다도 열렬히 갈망하기 위해서 너는 자신과 삶에 얼마나 긍정적이이야 하겠는가?"

많은 사람이 어떤 결정을 내릴 때 미래는 무궁무진한 가능성의 장이기 때문에 얼마든지 지금과 다른 삶이 펼쳐질 수 있다고 가정합니다. 그 상상 속 미래를 믿고 '졸업만 하면 나아질 거야' '좋은 직장만 들어가면 편해지겠지' 같은 생각으로 정작 현재의 삶에 소홀한 사람도 많습니다. 하지만 만일 그 '~만 하면'이라는 가정이 실현되지 않는다면 어떻게 될까요? 우리를 기다리는 천국과 지옥 같은 건 존재하지 않고 오직 지금, 이 순간만 존재한다면요?

니체의 이야기는 전혀 다른 관점에서 인생을 보게 합니다. 아무리 불완전하고 빈약할지언정 현재의 삶을 수용하고 긍정하려면, 더 나아가 즐기려면 어떻게 해야 할까요? 어떻게 보면 니체의 도발적 사상은 고대 그리스인들이 말한 아모르파티amor fati, 즉 운명을 사랑하는 것과 일맥상통합니다. 만일 우리를 구원하러 올 이가 아무도 없고 지금 우리를 괴롭히는 문제들이 모두 사라지는 '나중'이 존재하지 않는다고 해도 과감하고 솔직하게 지금의 삶을 있는 그대로 받아들일 수 있겠습니까?

설령 그렇지 않다고 해도 이런 관점을 취하면 생각의 지향점이 생깁니다. 지금 선택하려는 행동 혹은 마음가짐이 앞으로도 선뜻 다시 선택할 만한 것인가요? <u>앞으로 전혀 나아</u>

<u>시서나 보태지는 부분이 없다고 해도 언제까지고 기꺼이 선택할 만큼 의미 있는 것은 무엇입니까?</u> 영화 〈사랑의 블랙홀〉처럼 매일 같이 반복돼도 좋은 것은 무엇입니까?

니체는 말합니다.

"나는 사물의 필연적인 면을 아름답게 보는 법을 더욱더 배우기를 원한다. 그리하여 사물을 아름답게 만드는 사람 중 한 명이 될 것이다. 아모르파티(네 운명을 사랑하라). 이제부터 그것이 내 사랑이 되리라! 나는 추한 것과 전쟁을 벌이고 싶지 않다. 나는 비난하고 싶지 않다. 비난하는 자를 비난하고 싶지도 않다. 눈길을 돌리는 것이 나의 유일한 부정이 될 것이다. 그리하여 언젠가 나는 오로지 긍정하는 자가 될 것이다."

인생의 모든 것을 긍정한다면, 왜 이렇게 안 고쳐지냐고 속 끓이는 부분까지도 긍정한다면 어떻게 될까요? 나의 착각, 실수, 무지를 용인한다면요? 나의 인생이 한 편의 소설이나 영화라고 한다면 좋은 것만 아니라 나쁜 것도 모두 작품의 필수 요소로 수용할 수 있을까요?

역시 황당한 발상입니다. 하지만 이렇게 생각하면 지금 내가 어떤 부분에서 '장차 더 나은 삶, 더 진짜 같은 삶이 찾아올 테니까 지금의 삶은 잠깐 견뎌야 할 것, 도피해야 할 것'이라는 가정에 빠져 있는지 알 수 있습니다. 만일 더 나은 삶, 더 진짜 같은 삶이 영영 찾아오지 않는다면 어떻게 될까요? 우리에게 주어진 것이 지금, 이 순간뿐이라면요?

이 질문을 듣고 번뜩 떠오르는 생각은 아마도 의미, 가치와 관련이 있을 것입니다. 정확히 말하자면 '내'가 생각하는 의미와 가치입니다. 지금과 같은 삶이 영원히 지속된다고 생각하면 두렵습니까? 진저리가 납니까? 마음이 따뜻해지나요? 순순히 받아들일 용의가 있습니까? 이 질문의 답이 지금 결정해야 하는 문제와 그 결정을 내리는 나의 태도에 관해 어떤 시사점을 주나요?

꿈을 위해 퇴사해야 할지 갈등될 때

✤

파스칼처럼
베팅하기

"진리에 명백한 표징이 없다면
짙은 어둠만이 존재할 것이다."

블레즈 파스칼

블레즈 파스칼은 '혹시 모르니까' 하느님을 믿어야 한다고 주장한 17세기 프랑스 철학자입니다.

그의 논리는 이렇습니다. 만일 하느님이 존재하는데 하느님을 믿는다면 내세에 보상을 받을 삶을 살 것이고, 만일 하느님이 존재하는데 하느님을 믿지 않는다면 영원한 형벌을 받을 삶을 살 것입니다.

그리고 만일 하느님을 믿고 그에 걸맞은 삶을 살았다면, 하느님이 존재하지 않는다고 해도 사실이 아닌 것을 믿었을지언정 좋은 삶을 산 게 됩니다.

여기서 파스칼의 시각은 기본적으로 도박꾼과 같습니다. 하느님을 믿을 때 발생하는 '비용'은 별로 없지만 만일 그 베팅이 적중한다면 큰 보상이 따릅니다. 파스칼이 말한 변수를 정리하면 이렇습니다.

	하느님이 존재한다	하느님이 존재하지 않는다
하느님을 믿는다	영원한 행복	없음
하느님을 믿지 않는다	영원한 비극	없음

파스칼의 관점에서는 딱 네 가지 경우만 존재합니다. 위의 표를 보면 중립적 결과가 나오는 경우가 둘, 대단히 좋은 결과와 대단히 나쁜 결과가 나오는 경우가 각각 하나입니다. 그래서 파스칼은 베팅이 틀렸더라도 비용이 적게 발생하는 쪽, 곧 하느님이 존재한다는 쪽에 베팅하기를 권합니다.

각계각층에 많은 사람이 이런저런 이유로 파스칼의 내기를 엉터리라고 평합니다. 크리스토퍼 히친스Christopher Hitchens는 파스칼이 얄팍한 수로 신앙을 강요한다며 그의 논리를 '강

내'라고 비판했습니다. 그런가 하면 기독교 신자들은 파스칼이 신앙, 하느님, 내세의 본질을 제대로 알지 못했다고 말합니다.

파스칼의 주장은 굳이 이분법적 선택(믿느냐 안 믿느냐)이 필요한지 확실치 않은 상황에서 이분법적 선택을 강요하는 한편으로, 중요하고 민감한 특성들을 무시하고 복잡한 문제를 황당할 만큼 단순화했다는 문제가 있습니다.

하지만 파스칼이 제시한 생각의 흐름이 그 주제(하느님을 믿느냐 마느냐)를 논하기에 적절한지는 사실 우리의 관심사가 아닙니다. 어쨌든 파스칼의 내기는 우리에게 도움이 됩니다. 그 원리에서 드러나는 비대칭적 보상 구조가 현명한 의사 결정을 위해 반드시 알아야 할 개념이기 때문입니다.

이 도박꾼 같은 수학자요 논리학자는 우리가 어떤 선택을 해야 할 때 각 선택안에 따르는 결과가 모두 동등하거나 대칭적인 경우는 거의 없다고 봅니다. 어떤 선택안은 큰 비용이 발생하지만 보상은 적습니다. 어떤 선택안은 비용이 거의 발생하지 않지만 만일 '보상'이 생긴다면 엄청난 보상이 따릅니다. 그런가 하면 또 어떤 선택안은 결과를 예측하기가 너무 어렵거나 비용이 아주 적게 발생하기 때문에 혹시라도 상황이 유리하게 돌아갈 경우를 생각한다면 한번 선택해볼 만하다는 생각이 들기도 합니다.

파스칼의 내기가 보여주는 사고모델을 우리의 일상에서 어떻게 활용할 수 있을까요?

우리가 살면서 종종 부딪히는 선택의 문제를 생각해보죠. 특정한 결과가 보장되는 기존의 것과 좋은 결과가 나올 가능성이 있긴 하지만 확실치는 않은 새로운 것 중에서 하나를 선택하는 문제입니다. 예를 들어 매년 A 지역에서 휴가를 보냈다고 합시다. A는 원래도 좋았고 이제는 익숙해서 더 좋습니다. A에 가면 사실상 즐거운 휴가가 보장됩니다.

하지만 어느 날 문득 B 지역에서 휴가를 보내면 어떨까 하는 생각이 듭니다. 그곳은 완벽한 휴가지, 어쩌면 A보다 훨씬 좋은 휴가지가 될 가능성이 있지만 반대로 괜히 시간과 돈만 날리고 후회할 가능성도 없지 않습니다.

어떻게 해야 할까요? 무엇이 합리적인 선택일까요?

먼저 파스칼처럼 선택의 지도를 그려보죠. 두 가지 안 중 하나를 택해야 하고 여기서 발생할 수 있는 결과는 총 네 가지입니다.

그런데 지금 우리가 걱정해야 하는 것은 결과만이 아닙니다. 위의 표를 보면 ④가 가장 좋고 그다음이 ①과 ②입니다. 하지만 실제로 어떤 결과가 나올지는 직접 선택해봐야만

베팅 \ 현실	B가 형편없는 휴가지	B가 완벽한 휴가지
휴가지 A 선택	① 무난함	② 무난함
휴가지 B 선택	③ 나쁨	④ 끝내줌!

알 수 있습니다.

그런데 선택에는 비용이 따릅니다. 그러면 어느 쪽을 선택할 때 가장 큰 비용이 발생하는지 생각해보죠. B를 선택하면 나쁜 결과나 끝내주는 결과 중 하나가 나오지만, 평소처럼 A를 선택하면 무조건 무난한 결과가 나옵니다. 그러면 무난한 결과가 보장되는 A를 선택해야 한다는 말일까요?

바로 이 대목에서 파스칼의 내기가 요긴하게 작용합니다. 각 선택안을 좀 더 자세히 뜯어보면 각각에 어떤 비용과 보상이 따르고 또 어떤 가정이 결부되어 있는지 파악할 수 있습니다. A를 선택할 때도 비용이 발생합니다. 만일 B가 더 좋은 곳인데 A를 선택한다면 끝내주는 휴가를 보낼 기회를 잃기 때문입니다. 이것을 기회비용이라 부르고 이런 유의 선택을 할 때는 대체로 기회비용이 확연히 드러나지 않습니다.

안정성과 예측 가능성이 극대화되는 쪽을 선택하는 편

이 가장 논리적인 것 같아도 자기도 모르게 더 좋은 경험을 날려버리는 손해가 발생할 수 있습니다.

파스칼의 내기에서 우리는 두 가지 중요한 개념을 배웁니다. 강제 배팅과 앞에서도 말한 비대칭적 보상 구조입니다. 양자택일이 불가피한 상황에서 하나를 선택하는 것은 다른 하나를 '거부하는' 것과 같습니다. 우리는 현 상태를 유지하는 것과 엄청난 보상이 따를 가능성이 있는 베팅을 하는 것 중 하나를 선택해야 할 때가 종종 있습니다. 파스칼의 내기가 너무 단순하다고는 하지만 바로 그 단순함이 장점입니다. 우리가 어떤 결정을 내려야 할 때 군더더기를 다 빼고 비용과 편익에만 집중하게 만들기 때문입니다.

다음번에 중대한 결정을 내려야 할 때는 파스칼이 만든 것과 같은 표를 만들어보세요. 행동하지 '않는' 것의 비용과 편익도 따져봐야 합니다. 기회비용을 생각하세요. 혹시 어떤 것을 선택하면 얻는 것(확실성, 예측 가능성)도 있지만 더 좋은데 포기해야 하는 것(확실성보다 훨씬 좋은 것을 얻을 가능성)도 있진 않나요? 그 가능성이 얼마나 큰가요? 만일 큰 보상을 얻을 가능성이 아주 작긴 해도 그것을 확인하는 비용 역시 적다면 한번 선택해볼 만하지 않을까요? 어떤 상황에서든 가장 쉬운 선택은 그냥 지금까지 했던 대로 하는 것일 수 있습니다. 하지만 그렇게 할 때 잃는 것은 무엇입니까? 지금 당장은 아니어도 먼 미래에 잃는 것은요?

> **니나의 고민**
>
> ## "안정적인 일자리냐, 꿈꾸던 사업이냐?"
>
> 니나에게는 좋은 사업 아이디어가 있습니다. 오래전부터 그 아이디어를 실현해서 가정의 주 수입원으로 만들고 싶었습니다. 그런데 본격적으로 창업에 돌입하려는 시점에 어떤 회사에서 일자리를 제안합니다. 그 제안을 받아들이면 사업가보다 안정적이고 질서 있고 예측 가능한 삶을 살 수 있습니다. 급여도 괜찮고 직원 복지도 좋습니다.
>
> 니나는 고민에 빠집니다. 꿈꾸던 사업가가 되어 독립할 것인가, 아니면 안정적인 일자리를 받아들여서 평범하게 살 것인가?
>
> 가정의 경제적 안정을 중요하게 여기는 니나는 돈 걱정에서 해방된다면 속이 시원할 것 같습니다. 하지만

> 회사 생활을 별로 좋아하진 않고 더욱이 사업가의 꿈을 접는다고 생각하자 가슴이 답답해집니다. 그렇다고 또 창업하자니 재미있을 것 같고 큰돈을 벌 수 있을 것 같긴 해도 위험천만하게 느껴집니다.
> 니나는 다각도에서 문제를 봐야겠다고 생각합니다. 일단은 감정을 배제하고 되도록 냉정하게 생각해보기로 합니다. 어떻게 하면 위험, 비용, 편익, 불확실성을 전략적으로 평가할 수 있을까요?

니나의 예에 앞에서 본 것과 같은 표를 적용하면 몇 가지 흥미로운 사실이 드러납니다.

- 그 '안정적인' 일자리가 비교적 안정성이 크긴 해도 '100퍼센트' 안정적이진 않다. 회사가 망할 수도 있고 임금이 삭감될 수도 있다. 언제 무슨 일이 일어날지 모르고 항상 니나가 상황의 주도권을 쥐고 있으리란 보장도 없다. 반면에 창업하면 100퍼센트 확실하게 망한다는 법도 없다.
- 각 선택에 따르는 비용을 확인하자 평범한 직장 생활이 생각만큼 안전하고 편한 것은 아니었다. 기회비용을 고려

하면 꼬박꼬박 월급이 들어오는 대신 잃는 것도 많다. 당장 꿈을 포기해야 할 뿐만 아니라 나중에 꿈을 실현할 기회마저 사라질 수 있다(예를 들면 5년 후에는 지금의 사업 아이템이 별 볼 일 없어지거나 에너지와 의욕이 많이 떨어질 수 있기 때문이다).

- 평범한 직업을 선택할 때 기회비용 말고 다른 비용도 발생할 수 있다. 가령 출퇴근 시간이 늘어나거나 자유를 잃을 수 있다.

그러면 니나는 무엇을 선택해야 할까요?

글쎄요, 쉽지 않은 문제입니다. 위에서 언급한 점 외에 자신의 목표와 가치관도 고려하고 어느 정도까지 위험을 감수할 수 있는지도 따져봐야 합니다. 어쨌든 긍정적 결과가 부정적 결과보다 큰 쪽을 선택해야겠죠.

<u>파스칼의 내기는 어떤 결과가 발생할 확률을 잘 모를 때조차도 도움이 됩니다. 그 확률 대신 잠재적 보상의 규모에 초점을 맞추면 되니까요.</u> 신앙과 관련해서는 천국에서 영원한 행복을 누리는 게 엄청난 이득이니까 하느님을 믿는 쪽을 택해야 합니다. 니나의 경우에는 사업에 성공했을 때 누리는 이득이 엄청나게 크니까 위험을 감수하고 창업하는 쪽을 택

해야 합니다.

무슨 그런 황당한 논리가 다 있나 싶을 수 있습니다. 그런데 모든 결과의 발생 확률을 확실히 알 수 있는 사람은 없습니다(니나가 사업가로 성공할 확률이 얼마일까요? 새 직장에서 해고될 확률은요? 아무도 모릅니다. 추측만 할 수 있을 뿐이죠). 하지만 잠재적 이득의 규모는 측정할 수 있습니다. 만일 니나가 사업에 성공한다면 인생이 완전히 바뀔 것입니다. 엄청난 보상이죠! 그 기회를 포기하는 것은 매우 큰 비용에 해당합니다.

니나는 이것저것 면밀하게 따져본 후 평범한 직장 생활에서 얻을 수 있는 최선의 결과보다 창업에서 얻을 수 있는 최선의 결과가 더 낫다고 판단합니다. 어차피 어느 쪽을 선택하든 비용이 발생하고 기회가 상실된다면 잘됐을 때 정말로 큰 보상이 따르는 쪽에 '베팅'을 하기로 결심합니다.

그러면 이런 생각이 들 수 있습니다. '만약에 사업이 망하면?'

예, 실패의 가능성도 존재합니다. 그런 생각이 들자 니나는 만일의 사태에 대비한 계획을 세우고 만반의 준비를 함으로써 '신중하게 계산된 위험'을 감수하기로 합니다. 성공 확률이 얼마인지는 몰라도 예측 가능한 각종 위기에 철저히 대비하면 됩니다.

만일 나의 결정이 남들에게 경솔하게 보인다면 남들이 무시하는 변수들을 고려했기 때문일 것입니다. 하지만 자신이 너무 시시하거나 소극적인 인생을 살고 있다고 생각해본 사람이라면 여기서 니나가 피하려고 하는 진짜 비용이 무엇인지 어렴풋이 눈치챘을 것 같습니다.

다음과 같은 사실을 기억하세요.

- 확률보다 중요한 것은 결과다.
- 무언가를 선택하는 것은 다른 무언가를 포기하는 것이다.
- 아무것도 선택하지 않는 것은 불가능하다. 행동하지 않는 것 또한 선택이고 비용이 발생한다.

그래서 주어진 선택안 중에서 비용이 가장 적게 발생하고 보상이 가장 큰 쪽을 택하는 게 좋은 전략입니다. 이때 각각의 결과가 발생할 확률은 중요하지 않습니다. 파스칼은 신이 존재할 확률을 따지지 않았습니다. 대신 존재한다고 믿는 편이 훨씬 이익이 크다는 결과를 생각했습니다. 인생의 모든 선택도 이와 같습니다. 확률이 낮더라도 얻을 수 있는 이익이 압도적으로 크다면 그쪽에 베팅하는 게 현명한 선택일 수 있다는 것이죠. 또 어떤 선택을 하든 이후에 생길 수 있는 문제에 대비하고 최선의 결과를 실현할 방법을 생각하면 됩니다. 때로는 안전하게 가는 게 최선의 선택일 수 있습니다. 하지만 정말로 그런지는 직접 판단해야 합니다. 그저 두려움, 불확실성, 고집, 게으름 때문에 현상 유지를 선택하면 곤란합니다.

불가능해 보이는 일에 도전할 때

✤

초심으로
바라보기

"초보자의 마음은 가능성의 보고요,
전문가의 마음은 가능성의 무덤이다."

스즈키 순류鈴木俊隆

어려운 선택을 마주한 니나의 이야기를 계속 해보겠습니다. 니나는 넉넉하지 않은 서민 가정에서 자라면서 어머니에게 무슨 수를 써서든 가족을 부양하는 게 중요하다는 말을 귀에 못이 박이게 들었습니다. 니나의 학창 시절에는 큰 포부를 품고 열심히 일해서 운명을 개척하는 '독립적 여성'이 칭송받았습니다. 니나의 어머니는 재미가 좀 없어도 꼬박꼬박 월급이 나오는 직업을 갖는 게 책임감 있고 성숙한 행동이라고 생각합니다. "먹여 살릴 입이 몇 갠데 한가하게 꿈이나 좇을 거니?"

니나의 남편은 반대로 과감하게 '질러보기'를 권합니다. 니나를 믿는다면서요. 꿈을 좇으며 한계에 도전하라고, 그런 도전의 가치를 모르는 사람의 말은 듣지 말라고 합니다.

한편 니나와 가까운 친구들은 모두 고만고만한 직업을 갖고 있습니다. 다들 니나가 어느 쪽을 선택하든 응원한다고 말하면서도 일이란 게 일종의 필요악이라고 봅니다. 평범한 직장 생활을 선택하면 더 여유 있게 살면서 가족과 보낼 시간도 더 많고 이것저것 즐길 수 있을 텐데 굳이 사업을 시작해서 고생을 자초할 이유가 뭐 있어? 그 아이디어는 꼭 크게 사업을 벌이지 않아도 그냥 취미로 삼으면 되잖아? 더욱이 니나가 반백 살이 되도록 평생 부지런히 일하며 살았으니 이제 좀 쉬엄쉬엄할 때도 되지 않았냐고 묻습니다.

세 가지 관점 모두 타당합니다.

앞에서 우리는 의사 결정이 마치 진공 상태에서 발생하는 것처럼 말했습니다. 수학이랄까 확률의 문제니까 본질을 잘 파악해서 최적의 값을 구하면 된다는 식으로요. 하지만 니나의 경우는 상황이 그리 간단치만은 않습니다(아마 우리의 삶에서도 마찬가지겠죠). 지금 니나는 중립 상태에서 결정을 내리는 게 아닙니다. 니나에게는 선입견, 신념, 편견, 맹점이 존재합니다. 스스로 형성한 것도 있고 타인으로부터 주입된 것도 있습니다.

창업이 이기적이고 어리석은 짓일까? 아니면 용기 있고 자랑스러운 일일까? 창업을 하는 게 특별한 일일까, 아니면 괜한 고생일까? 생각하면 생각할수록 니나는 맑은 정신, 선종에서 쓰는 표현을 빌리자면 '초심初心'으로 문제를 봐야겠다는 생각이 듭니다. 초심은 초보자의 마음이라는 뜻입니다.

사람들은 대부분 자신은 마음이 열려 있다고 생각하지만 정말로 그럴까요? 우리가 '초보자'일 때는 그 무엇도 당연하게 여기지 않습니다. 순전히 호기심을 따라 움직입니다. 기본적으로 자신이 무지하다고 생각합니다. 무엇이든 처음 보는 것 같은 기분이 들죠. 하지만 점점 경험과 지식이 쌓이면 이제 '알 만큼 안다'고 생각합니다. 그러면 마음이 닫히고 세계를 있는 그대로 보지 않습니다. 대신 오래전에 형성된 식견에 따라 자기가 보고 싶은 대로 봅니다.

'이건 내가 잘 알아. 다 경험해봤거든' 하는 생각이 눈을 가립니다.

사람은 누구나 확고한 습관과 신념이 있고 또 가정, 시대, 문화를 통해 주입된 관념과 가성이 있습니다. 그런 습관이 인지적 지름길처럼 작용합니다. 따라서 매사에 모든 것을 처음부터 다시 생각할 필요가 없으니 정신력이 절약되는 효과가 있긴 합니다. 그러나 그 대가로 우리는 예전처럼 '학습하지' 않습니다. 전문가가 되면 초보자 때 경험했던 마법이 사라집니다.

예를 들어 니나는 사업을 하는 게 멋지고 존경받을 만한 일이라고 '알고' 있습니다. 무엇이 됐든 꿈을 좇는 게 가장 중요하다고 '알고' 있습니다. 하지만 그런 지식은 어디서 나왔을까요?

어떤 결정을 내려야 할 때 이렇게 과거에 형성된 지식을 근거로 삼기 시작하면 우리는 점점 게을러집니다. 그리고 자신이 그렇게 이전의 지식을 사용하고 있다는 사실조차 잊어버립니다. 자신이 중립적이고 객관적인 관점에서 합리적으로 결정을 내리고 있다고 생각하지만 실제로는 기존의 견해와 사고방식에 부합하는 현실의 조각만 취하고 있을지 모릅니다.

특히 인생에서 중대한 결정을 내릴 때일수록 주의해야 합니다. 그런 결정 앞에서 우리는 매우 개인적이고 주관적인 잣대를 이용하는 경우가 많습니다. 다시 말해 '의미'를 따집니다. 그렇다면 자신이 어떤 것을 의미 있게 여기고 그 이유는 무엇인지, 지금 어떤 정보를 채택하고 있는지, 그래서 어떤 결론으로 향하고 있는지 신중하게 생각해봐야 합니다. 앞에서 설명한 오컴의 면도날은 가장 적은 가정에 의존하는 설명을 선택하게 합니다. 초심을 지킬 때도 같은 효과가 생깁니다. 단, 이때 배제하는 것은 가정이 아니라 신념, 지식, 가치관, 편견입니다.

니나는 주변 사람들의 의견을 모두 배제하기로 합니다. 그리고 성공한 인생, 성공한 여성에 대한 자신의 가정과 선입견도 모두 배제합니다. 그렇게 마음을 비우고 현명한 전문가가 아니라 문외한의 관점에서 상황을 보려고 합니다. 어떤 선입견과 예단에도 빠지지 않도록 말입니다.

초심은 다층적이고 복잡한 철학 개념이지만 우리는 이 사고모델에서 일상의 의사 결정에 적용할 교훈을 몇 가지 얻을 수 있습니다.

교훈1

성급하게 해결하려 하지 않기

많은 사람이 '모른다'가 조금 부끄러운 말이라고 배웠습니다. 하지만 확실히 알지 못하는 무지의 상태를 순순히 인정하면 오히려 많은 것을 배울 수 있습니다. 내가 다 알아서 할 수 있다며 섣불리 결론에 도달하는 것보다는 분명히 더 낫습니다!

매사에 성급하게 결론을 내릴 필요가 없습니다. 매사에 나름의 견해가 있어야 하는 것도 아닙니다. 마찬가지로 매사에 나서서 조언하거나 해법을 제시하거나 직접 문제를 해결할 필요도 없습니다(여기서 또 무위를 만납니다. 어떤 것을 고치겠다고 나서기 전에 정말로 망가졌는지부터 확인해야죠!).

때때로 우리는 상황이 순리대로 풀리기를 기다리지 않고 어떤 것을 쉽게 설명하거나 정당화하는 논리에 빠져서 최악의 판단을 내립니다.

'내가 모든 답을 알고 있어'라는 생각을 버리지 않으면 아무것도 못 듣고 아무것도 못 배웁니다. 자신이 처한 상황의 본질이 무엇인지도 깨닫지 못합니다. 초심을 잃으면 그렇습니다. 그래서 니나는 진로를 결정하는 중대한 문제를 급하게 처리하지 않고 생각할 시간을 갖습니다. 매사에 신속하게 완벽한 답을 찾으려고 하는 충동에서 벗어나 신중하게 생각합니다.

교훈2

'옳고 그름'이라는 편견 버리기

니나의 친구, 어머니, 남편은 모두 니나가 무엇을 해야

'옳다'고 굳게 믿습니다. 의도했든 의도하지 않았든 간에 그들의 의견과 기호에는 강한 도덕적 가정이 배어 있고, 니나는 그런 가정 중 일부를 자기도 모르게 받아들입니다.

그런데 만일 니나가 멀찍이 물러나서 '옳고 그름'의 렌즈를 빼고 현재 상황을 있는 그대로 본다면 어떻게 될까요? 니나는 이 진로 문제가 자신의 가치를 증명하는 것이나 자신과 다른 선택을 한 사람들과 대결하는 것이 아니고 꼭 다른 사람에게 설명하거나 해명해야 할 일도 아님을 깨닫습니다. 그러자 상황이 한층 명확하게 보입니다. 작가이자 기업가인 벤 카스노차Ben Casnocha는 "내가 이기기 위해서 꼭 다른 사람이 져야 하는 것은 아니다"라고 말했습니다. 객관적으로 봤을 때 가장 옳은 길을 선택했다고 해서 누가 죽기 전에 상을 주는 것도 아닙니다.

니나는 주위 사람들이 자신의 선택을 이해하지 못하거나 찬성하지 않는다고 해서 자신이나 그들이 틀렸다고 볼 수는 없다는 중요한 사실을 깨닫습니다. 자신과 남들의 가정을 배제하자 전체 상황이 훨씬 더 간명하게 보입니다.

교훈 3

'나는 아무것도 모른다'라고 생각하기

어떤 결정을 내려야 할 때 최대한 현명하고, 합리적이고, 신중하고, 지성적으로 생각하는 것만 방법이 아닙니다. 반대로 어떤 사람도 완전히 현명하고, 합리적이고, 신중하고, 지성적일 수 없다는 사실을 인정하는 것도 한 방법입니다!

나란 사람이 당연히 생각이 짧고, 당연히 이기적이고, 당연히 남들만큼 한심한 생각을 많이 하고 고질적인 맹점도 많다고 생각하세요. 당연히 지금 내가 놓치고 있는 중요한 정보가 있고, 지금은 당연하고 확실해 보이는 것이 5년, 10년, 15년 후에도 그러리란 법이 없다고 생각하세요.

자신을 비하하는 훈련을 하자는 게 아니라 자신이 당연히 모든 것을 알아야 한다는 생각에서 벗어나 여유를 찾자는 말입니다. 현재의 관점을 뒷받침하는 과거의 증거에만 매달리지 말고 열린 마음으로 탐구심을 발휘해 그 관점에 반대되는 증거를 찾아보세요. 다른 사람에게 배울 부분이 있으리라고 생각하세요. 특히 내가 선뜻 동의하거나 이해할 수 없는 사람에게서요. 내가 지금 뭔가를 놓치고 있다고 가정하고 그게 과연 무엇일지 탐색해보세요.

니나는 지금 진로를 결정하기에는 정보가 부족할 수도

있다는 생각이 뇌리를 스칩니다. 그래서 무엇이 어떻다고 속단하지 않고 다양한 각도에서 명확한 증거를 모으기로 합니다. 이를 위해 자신이 창업하려는 분야에서 실제로 회사를 운영 중인 사람들을 찾아서 진솔한 대화를 나눕니다. 한때 그 분야에 종사했던 사람들의 이야기도 듣습니다. 이상적인 고객이 될 법한 사람들을 인터뷰하는 것은 물론이고 절대로 자신의 서비스를 이용하지 '않을' 것 같은 사람들도 인터뷰하며 그 이유를 조사합니다.

이렇게 초심으로 돌아가자 생각이 훨씬 맑아지고 초점이 또렷해집니다. 남들의 의견과 간섭(아무리 선의에서 비롯됐다고 해도)에 휘둘리거나 어느 한쪽으로 치우치지 않고 차분한 마음으로 호기심을 발휘해 지금의 상황을 살펴봅니다. 역설적으로, 마음을 열수록 '나는 모른다' 모드가 더 오래 지속되면서 중요한 정보를 더 많이 습득하고 더 많은 것을 배웁니다.

초심의 역설입니다. <u>전문가는 오히려 무지해지고 스스로 초보자라고 생각하는 사람은 진정한 지혜와 지식을 얻습니다.</u> 그래서 다음과 같은 자세가 필요합니다.

- 지적으로 겸손해진다. 아무리 전문 지식이 많고 교육을

많이 받고 화려한 수상 경력이 있다고 해도 모두 잊고 내가 모르거나 이해하지 못하는 것에 집중해야 한다.
- 자신감은 과대평가됐을 수 있다! 그러므로 적극적으로 도움을 요청하고, 정보를 탐색하고, 충분히 여유를 두고 상황을 좀 더 명확하게 판단해야 한다.
- 자기 자신에게 반론을 제기해보라. 그러면 내가 잘 아니까 당연히 옳다고 여기는 가정이 의외로 많이 드러날 수 있다.
- 만일 남들의 의견이 전혀 중요하지 않다면 어떤 선택을 할지 생각해본다. 그리고 굳이 남들에게 설명하거나 해명할 필요가 없다면, 또는 남들의 기대나 자신의 기대에 부응할 필요가 없다면 어떻게 할 것인가?
- 지금 내가 처한 상황이나 선택해야 하는 것을 어린아이의 관점에서, 또는 외계인의 처지에서 설명해보라. 모든 가정과 해석과 편견이 사라졌을 때 비로소 보이는 것은 무엇인가?

이 책에서 소개하는 사고모델이 대체로 그렇듯이 초심도 어떤 구체적인 기법이 아니라 기본적인 태도입니다. 뭔가를 결정해야 할 때 내가 모든 것을 잘 알 수는 없다고 인정하고 겸손하게 마음을 여는 것입니다. 그러면 몰랐던 것을 깨달을 여지가 생기고 자만심이 누그러져 현상을 있는 그대로 볼 수 있습니다. 적어도 그런 상태에 최대한 가까워집니다!

요약

- 장기적으로 영향을 미치는 결정을 해야 할 때는 니체의 영원회귀 개념을 생각하세요. 즉, 지금 하려는 선택이 영원히 반복된다면 어떨지 생각해보는 것입니다. 선택의 결과를 영원히 감수해야 한다고 생각하면 장기적 사안을 보는 관점이 달라지고 아모르파티, 즉 운명을 과감히 수용하고 사랑하는 자세가 생깁니다.

  인생에서 중대한 선택을 앞두고 도덕성이나 실용성을 따져서는 명쾌한 답이 나오지 않는다면 좋고 나쁨을 떠나서 자신의 욕구와 목표에 집중해보세요. 다른 사람이 의미 있다거나 가치 있다고 말하는 것을 곧이곧대로 믿지 말고 스스로 의미와 가치를 판단하세요. 장기적으로 발생할 결과를 생각하세요.

  수용은 중요합니다. 만일 죽어서 가는 천국과 지옥이 없고 지금 이 순간만 존재한다면요? 지금 이 순간을 있는 그대로 받아들일 수 있나요?

- 파스칼의 내기는 간단히 말하자면 이렇습니다. 만일 하느님이 존재하는데 하느님을 믿는다면 내세에서 보상을 받습니다. 하지만 하느님이 존재하는데 믿지 않는다면 영원한 형벌을 받습

니다. 따라서 혹시 모르니까 하느님을 믿는 편이 낫습니다. 여기서 우리는 비대칭적 보상 구조, 위험, 확률이란 개념을 빌려서 일상의 선택에 접목할 수 있습니다.

Φ 초심은 전문 지식, 가정, 자만심에 휘둘리지 않고 사물을 마치 처음 보는 것처럼 관찰하는 자세입니다. 내가 다 알지 못한다고 인정할 때 오히려 문제가 더 잘 해결됩니다.

4장

철학자의 사고모델 네 번째

일단 행동하겠다는 결정

Philosopher's Mentul Models

via negativa ○ Korzybski ○ Buridan

이번 장에서는 거꾸로 보고 뒤집어 보는 렌즈를 소개합니다. 먼저 '비아 네가티바via negativa', 번역하자면 부정否定의 길을 통해 당면한 문제나 상황에 어떤 요소를 더하지 않고 오히려 빼는 방법을 배울 것입니다. 그리고 '지도는 땅이 아니다'라는 개념에 근거해 자신이 세상을 해석하는 모델의 장점이 아니라 약점을 생각해보는 태도를 알아보려고 합니다.

끝으로 뷔리당의 당나귀 예화를 통해 문제 해결에 관한 생각 자체를 뒤집어보겠습니다. 때로는 A와 B 중 하나를 선택하는 게 아니라 일단 뭐라도 선택하는 게 중요합니다. 하나씩 살펴보죠.

PT 등록하고 엉양제 사기 전에

✤

나쁜 습관부터 끊기
'비아 네가티바'

"놀랍게도 우리 같은 사람들이 장기적으로
큰 이익을 거둘 수 있는 건 똑똑해지려고 노력하는 게 아니라
멍청해지지 않으려고 노력하기 때문이다."

찰리 멍거 Charlie Munger

어려운 결정을 내려야 할 때 흔히 이렇게 묻습니다. "내가 뭘 해야 하지?" 문제를 해결해야 할 때도 마찬가지로 무엇을 '더' 해야 할지 고민합니다. 예를 들어 일에 집중이 안 되면 자제력을 키우거나 생산성을 향상할 방법을 모색하고, 목표가 없으면 찾으려고 하고, 몸이 아프면 어떤 약을 먹거나 치료를 받을지 생각합니다.

이것은 모두 덧셈입니다. 뭔가가 부족하니까 더해야 한다는 생각입니다. 물론 일리가 있습니다. 난처한 상황이 닥쳤

을 때 무엇이 잘 되고 있는지보다 무엇이 안 되고 있는지를 더 잘 인식하는 게 우리의 자연스러운 반응입니다. 그러니까 더해야 하는 것에 관심이 쏠립니다. 하지만 덧셈이 다가 아닙니다. 반대로 무엇을 빼야 할지를 생각할 수도 있습니다. 이렇게 뺄셈에 초점을 맞추는 사고모델이 비아 네가티바, 곧 '부정의 길'입니다.

파스칼의 내기가 애초에 하느님의 존재를 증명하기 위해 탄생했듯이 비아 네가티바라는 뺄셈의 원리도 하느님의 본질에 관한 신학적 고찰에서 탄생했습니다. 하느님의 무한하고 초월적인 속성을 인간의 언어로 다 표현할 수 없으니 대신 하느님이 '아닌' 것을 표현함으로써 하느님의 본질에 더 가까이 다가갈 수 있다는 논리입니다.

하느님의 정의에서 하느님이 아닌 것을 하나둘 제하는 것은 역방향으로 문제를 해결하는 방식입니다. 유한한 존재인 인간에게는 이 방식이 더 쉽습니다. 이렇게 논리적으로 가능한 것의 범위를 좁혀 가다 보면 결국에는 진실한 것 혹은 정확한 것만 남습니다.

이것은 이미 오래전부터 존재했던 방식으로 힌두교의 《우파니샤드》와 《아바두다기타》에서는 '네티 네티 नेति नेति' 라는 이름으로 등장합니다. 번역하면 '아니다, 아니다'입니다.

브라흐만Brahman의 본질, 다시 말해 우주 혹은 신의 궁극적 실체를 이해하려면 브라흐만이 아닌 것을 생각해야 합니다. 여기서 보듯 우리가 잘 모르고 정확히 계산할 수 없는 것의 본질을 파악하려면 역으로 우리가 잘 알고 비교적 정확히 계산할 수 있는 것을 하나씩 빼보면 됩니다.

작가 나심 니콜라스 탈레브Nassim Nicholas Taleb는 비아 네가티바를 이렇게 설명합니다.

"그것은 우리가 옳은 것보다 틀린 것을 더 명확히 알 수 있고 지식은 뺄셈을 통해 확장된다는 원리다. 틀린 것을 아는 일이 해법을 찾기보다 쉽다. 제거하는 행동이 추가하는 행동보다 강력하다. 추가되는 것에는 보이지 않지만 복잡한 피드백 루프(feedback loop, 행동의 결과가 다시 그 행동에 영향을 주는 것·옮긴이)가 존재할 수 있기 때문이다."

어떤 면에서 보면 과학 연구도 이런 부정의 길을 통해 이뤄집니다. 실험의 목표는 가설을 입증하는 게 아니라 반증하는 것입니다. 말하자면 우리는 진리에 도달하는 게 아니라 다만 확실히 틀린 것을 하나둘 세거해나갈 뿐입니다. 왜냐하면 부정적 관측 결과가 하나만 나오면 그게 아무리 사소한 것이라 해도 긍정적 진술이 무효가 되기 때문입니다. 탈레브는 저 유명한 《블랙 스완》에서 지금까지 수없이 본 백조가 모두 흰색이라면 모든 백조는 흰색이라고 자신 있게 말할 수 있겠지만, 검은 백조가 단 한 마리만 발견돼도 "모든 백조는 흰색이다"라는 진술이 완전히 무효가 된다고 말합니다. 다시 말해 입증보다 반증이 더 강력한 수단입니다. 과학의 핵심은 입증이 아니라 반증입니다. 즉, '아니다, 아니다'라고 말하는 것입니다.

경계와 한계를 먼저 파악하기

우리가 자기계발에 대해 흔히 듣는 조언도 거꾸로 생각해볼 필요가 있습니다. 더 잘 살고 싶다면 긍정적인 것을 적극적으로 추구하기보다는(덧셈) 실수를 깨닫고 피하고자 노력하는 것(뺄셈)이 더 좋을 수도 있다고 말입니다. 일론 머스크의 말을 빌리자면 우리의 목표는 진리를 직접 탐구하는 것이 아니라 "덜 틀리는 것"이 돼야 합니다.

회사에서 무능한 직원을 해고하는 게 생산성을 향상할 방법을 찾는 것보다 효과적일 수 있습니다. 금주와 금연이 좋은 운동 프로그램이나 영양제를 찾는 것보다 효과적일 수 있습니다. 지금 있는 친구들을 지키는 법을 찾는 게 새 친구를 사귀기 위해 매력적인 사람이 되는 법을 찾는 것보다 효과적일 수 있습니다.

비아 네가티바는 우리가 흔히 생각하는 것과 정반대 방향에서 생각하게 만든다는 점에서 흥미로운 사고모델입니다. 미켈란젤로는 그 유명한 다비드상을 만든 비결을 묻자 "간단합니다. 다비드가 아닌 것은 모두 없애버렸지요"라고 대답했습니다. 히포크라테스 선서도 비아 네가티바 정신에 따라 의사에게 가장 중요한 의무를 의사가 하지 말아야 할 일로 정의합니다. "첫째, 해를 끼치지 말 것." 이 말이 과거에는 이렇게 표현됐습니다. "나는 절대로 고의로 잘못된 행동이나 해로운 행동을 하지 않을 것이다." 바꿔 말하자면 좋은 의사가 되기 위해 가장 중요한 원칙은 "덜 틀리는 것"입니다.

앞 장에서 우리는 문제의 실체를 파악하기도 전에 무작정 해결하겠다고 달려드는 것보다 일단 문제를 직시하며 기다리는 편이 더 낫다고 배웠습니다. 그렇게 자연의 순리를 따르는 무위의 원리는 맞는 것(완성된 다비드상의 아름다운 모습)을 찾는 데 급급하지 않고 아닌 것(다비드가 아닌 것)을 탐구하는 태도라고도 할 수 있겠습니다.

제거와 뺄셈을 강조하는 사고모델을 통해 우리는 어떤 것의 본질에 더 가까이 다가갈 수 있을 뿐만 아니라 집중력도 기를 수 있습니다. 스티브 잡스는 말했습니다.

> "사람들은 집중이라고 하면 집중해야 할 것에 '예'라고 말하는 것만 생각합니다. 하지만 실제로는 전혀 아닙니다. 집중은 다른 좋은 아이디어 수백 가지에 '아니요'라고 말하는 것입니다. 신중한 선택이죠. 저는 제가 했던 것만 아니라 하지 않은 것에도 자부심을 느낍니다. 혁신은 1000가지 것에 '아니요'라고 말하는 것입니다."

같은 맥락에서 비아 네가티바도 경계와 한계를 파악해서 가장 가치 있는 일과 가장 중요한 목표를 보게 만듭니다. 우리는 "내가 원하는 게 뭐지?"라고 묻지 않고 역으로 내가 절대로 원하지 않는 게 무엇인지 생각해볼 수 있습니다. 그렇게 해서 원하지 않는 것을 모두 제한 다음 남는 것이 뭘까요? 논리적으로 볼 때 그게 바로 우리가 원하는 것입니다.

파스칼의 내기와 마찬가지로 비아 네가티바도 하느님의 본질을 찾는 데 도움이 되고 말고는 여기서 중요하지 않습니다. 다양한 상황의 본질을 찾는 데 도움만 되면 그만입니다.

초기 신학자들은 하느님의 속성을 탐구할 때 하느님은 제한될 수 없고, 사악할 수 없고, 인간일 수 없고, 헷갈릴 수 없고, 어리석을 수 없다는 식으로 생각했을 것입니다.

네티 네티 명상은 여기서 더 나아가 이것과 저것을 구별하는 이원론을 해체합니다. 그럴 때 우리가 가 닿는 것은 이원론을 초월해 형용할 수 없이 심오한 신의 본질 혹은 근원적 현실입니다. 아닌 것을 계속 제거하다 보면 결국에 남는 것은 데카르트가 말했듯이 그 모든 과정을 인지하는 의식뿐입니다. 말하자면 나는 명상한다, 고로 나는 존재한다!

불필요한 것 제거하기

비아 네가티바를 어떻게 현실에 적용할 수 있을까요? 간단히 말해 생각을 긍정 모드에서 부정 모드로 바꾸면 됩니다. 물론 어려운 결정을 내려야 할 때나 해결의 실마리가 보이지 않을 때처럼 정신적으로 긴장된 상태에서는 모드 전환이 말처럼 쉽지 않겠지만요. 비아 네가티바는 예를 들면 이런 식으로 활용할 수 있습니다.

- 글을 쓸 때 어떤 내용을 추가할지, 또는 어떻게 해야 더 유려하고, 더 설득력 있고, 더 명료한 글이 될지 고민하지 말고 지금 있는 것 중에 무엇을 빼야 할지 생각한다. 오류를 찾고 중복되는 부분을 삭제한다. 그러면 따로 무엇을 추

가하지 않아도 훨씬 좋은 글이 된다.
- 결정이 어려울 때는 주어진 선택안 중에서 무엇을 가장 먼저 제거해야 할지 생각해본다. 잡음과 방해물을 없애는 것이다.
- 생활 습관을 개선하려고 할 때 뭔가 새로운 것을 하려고 돈, 시간, 노력을 들이기 전에 무엇을 빼면 좋을지 생각해본다. 예를 들면 몸에 좋은 주스를 만들어 먹으려고 착즙기와 재료를 사기 전에 알코올, 탄산음료, 커피 섭취량을 줄인다.
- 사업을 개선하고 싶을 때 매출을 늘리는 것만 생각하지 말고 불필요한 비용을 줄일 방법도 생각해본다.

더 복잡한 사례를 생각해볼까요? 진로를 고민 중인데 자꾸 벽에 부딪힌다고 해보죠. 정말로 하고 싶은 일이 뭔지 잘 모르겠다고요? 지금 이런저런 능력을 갖췄고, 이런저런 기회가 존재하고, 이런저런 제약 조건이 있긴 한데…, '딱 이거다!' 하는 길이 안 보인다고요?

이럴 때야말로 비아 네가티바 렌즈로 전환해야 합니다. 가치 있는 것을 '찾으려고' 하지 말고 확실히 나에게 가치가 없고 어울리지 않는 것을 모두 제거해보자는 겁니다.

자, 그러면 일단 종이를 펼쳐 놓고 자유롭게 브레인스토밍을 해봅시다. 지금까지 해봤던 일을 좋든 싫든 모두 떠올려보세요. 좋은 일은 왜 좋았고 싫은 일은 왜 싫었습니까? 종이에 간단히 적은 후 흥미로운 질문을 또 하나 해봅니다. 내가 할 수 있는 일 중에서 최악의 일은 무엇인가? 특히 그토록 싫은 '이유'가 도대체 무엇인가?

이제 생각의 물꼬가 트입니다(원래 좋아하는 것보다 싫어하는 것을 찾는 게 훨씬 더 쉽잖아요?). 이런저런 이유로 마음에 들지 않는 작업, 환경, 사람, 기술을 나열한 목록이 생겼을 겁니다.

다음 단계는 그 목록을 보면서 곰곰이 생각해보는 것입니다. 내가 가치 있게 여기지 않는 것들을 보면 무엇을 알 수 있는가? 그것들과 자연스럽게 반대되는 것은 무엇인가? 예를 들어 간섭받는 것을 싫어한다면 주체적으로 일하기를 좋아한다는 의미일 수 있습니다. 과거에 직장에서 일이 너무 급하게 돌아갈 때 심하게 스트레스를 받았다면, 여유 있게 양질의 결과물을 도출하는 것을 중요시한다거나 완벽주의 성향이 강해서 작업물에 자부심을 느껴야 한다는 의미일 수 있습니다. 실내에서 일하는 게 싫다면 야외에서 일하는 것을 좋아하는 사람일 수 있습니다.

이렇게 해서 이상적인 직업이 정확히 무엇인지 알 수는 없다고 해도 중요한 속성이 무엇인지는 정리됩니다. 그러면 그 결과를 토대로 각 선택안을 평가해볼 수 있고 어떤 부분에 집중해야 할지 알게 될 수도 있습니다(이키가이 벤다이어그램을 생각해보세요). 흔히 자신이 좋아하는 것을 추구하라고 하지만 때에 따라서는 싫어하는 것을 피하는 것으로 충분할 때도 있습니다.

이 기법을 쓰면 과도한 완벽주의를 완화하는 효과도 있습니다. '완벽한' 선택안이 보일 때까지 결정을 미루는 것은 현명하지 않습니다. 그보다는 확실히 부적절한 선택안을 모두 제거하고 남은 것에 집중하는 편이 더 효과적입니다.

이별이 고민될 때

✤

코르지브스키처럼
왜곡된 지도 버리기

"지도는 땅이 아니고, 말은 그것이 설명하는 대상 그 자체가 아니다.
지도와 땅을 혼동하면 '의미론적 혼란'이 발생한다.
이 혼란은 지도의 한계를 인식할 때까지 지속된다."

알프레드 코르지브스키 Alfred Korzybski

세바스찬의 고민

"안정적인 결혼이냐,
자유로운 연애냐?"

세바스찬은 어려운 결정에 직면했습니다. 여자친구가 결혼할 게 아니면 이제 그만 헤어지자고 최후통첩을 날린 것입니다. 자유로운 영혼인 세바스찬은 무엇에든

> 얽매이는 것은 질색입니다. 하지만 여자친구의 말에도 일리가 있습니다. 두 사람 다 자연스럽게 미래를 생각할 나이가 됐기 때문입니다.

어떻게 해야 할까요? 세바스찬은 지금 상황이 자유와 사랑 중 하나를 선택해야 하는 문제라고 생각합니다. 둘 다 좋은데 하나만 고르라니 골치가 아플 수밖에요! 하고 싶은 것 다 하면서 자유분방하게 살고 싶지만, 또 한편으로는 관계에서 오는 안정감 같은 이점도 '함께' 누리고 싶습니다.

그래서 가까운 친구에게 조언을 구합니다. "뭘 선택하지? 사랑? 자유?" 그런데 친구의 말은 세바스찬의 '의미론적 혼란(이론과 현실의 불일치를 자각하고 혼란한 상태)'을 명확히 꼬집습니다. "그 두 가지가 꼭 공존 불가능하다고 생각할 필요는 없잖아."

세바스찬은 자신이 결정해야 할 문제를 특정한 프레임에 넣고 그 프레임 '안'에서만 답을 찾으려고 했는데, 친구는 그가 만든 프레임이 문제일 수 있다는 점을 지적합니다. 수학자였던 알프레드 코르지브스키도 같은 맥락에서 "지도는 땅이 아니다"라고 말했습니다. 다시 말해 세바스찬이 자신의 삶을 이해하기 위해 사용하는 사고모델이 그의 삶 자체는 아닙니다. 이 사실을 알면 지금의 딜레마를 극복할 수 있습니다.

코르지브스키의 설명은 이렇습니다. 땅(현실)과 지도(우리가 현실을 해석하고 이해하고 설명하기 위해 사용하는 모델)는 다릅니다. 우리는 황무지 한 가운데에서 길을 찾기 위해 지도를 만들지만, 그 지도가 인간이 만든 것이고 틀릴 수 있다는 사실을 망각하면 곤란합니다. 지도상으로는 골짜기가 있어야 하는 곳에 산이 나타난다면 산이 잘못된 게 아니라 지도가 잘못된 것입니다.

코르지브스키는 지도의 한계점을 지적했습니다. 지도는 틀릴 수 있습니다. 더욱이 아무리 좋은 지도라고 해도 시간이 지나면 구식이 됩니다. 지도는 불완전한 도구입니다. 어디까지나 실제 땅을 단순하게 표현한 결과물일 뿐입니다. 그래서 실제 지형의 다층적인 특성을 전부 반영하지 못한다는 '필연적 한계'가 존재합니다.

코르지브스키의 비유는 추상적인 현실 해석(예를 들면 과학과 수학)만 아니라 우리의 일상에도 접목할 수 있습니다. 나의 '지도'에는 나의 태도, 이론, 신념, 기대, 가정, 편견이 반영됩니다. 내가 생각하는 세계와 실제 세계가 일치하지 않는 지점에서 학습 기회가 생깁니다. 만일 그 불일치성을 인지하지 못한다면 위기라고 해야겠지만요.

지도와 현실이 다를 때 우리는 선택의 갈림길에 섭니다. 세바스찬은 어떻게 문제를 해결할 수 있을까요? 한편으로는 여자친구가 자신에게 어울리지 않는 행동을 강요한다고 생각해서 헤어지는 쪽을 선택할 수 있습니다. 지도를 유지하는 쪽을 선택하는 셈입니다. 즉, 사랑과 자유를 대립 관계로 보는 사고모델을 유지하는 것이죠. 이렇게 '인지적 지도'가 위협을 받을 때 우리는 회피(불일치를 인정하지 않음)나 확증 편향(불일치 요소를 지도에 부합하는 방향으로 해석하려고 함)으로 대응할 때가 종종 있습니다. 세바스찬은 여자친구가 최후통첩으로 자신을 통제하려 든다고 해석해서 비굴하게 타협하고 사느니 차라리 헤어지고 해방되는 편이 낫다고 씩씩댈 수 있습니다.

하지만 반대로 지도를 업데이트하는 쪽을 택할 수도 있습니다. 친구의 조언 대로 진지한 관계 속에서 자유도 누릴 길은 없는지 생각해보는 것입니다. 기존의 지도를 버리고 새로운 지도를 그리는 것과 같습니다. 새 지도가 실제 땅을 더 잘 보여주길 바라면서요. 이처럼 우리는 문제를 해결하기 위해 지도 밖으로 나와야 할 때가 있습니다. 세바스찬은 자신이 관계를 보는 관점이 왜곡됐고 그런 관점이 어릴 때부터 들었던 메시지에서 비롯됐다는 사실을 깨닫습니다. 말하자면 10대 시절에는 유용했던 지도가 이제는 구식이 돼서 새로 생긴 도로를 다 보여주지 못하는 현실을 알게 된 것이죠.

우리의 인식은 절대로 현실과 동일하지 않습니다. 하지만 우리의 인식이 현실과 어긋나는 불편한 순간에 호기심을 발휘해서 기꺼이 새로운 것을 배우려고 한다면 현실에 더 가까운 인식을 형성할 수 있습니다. 이렇게 현실 인식을 개선하는 것이야말로 인생에서 중대한 문제를 해결하는 데 필요한 과정입니다. 그런 문제는 그저 세밀히 분석한다고 해서 해결되지 않습니다.

우리가 어떤 것을 해석할 때는 언제나 오류가 생길 수 있습니다. 하지만 오류가 생길 가능성을 알고 언제든 해석을 수정할 준비가 돼 있다면 문제가 안 됩니다. 여기서 또 '초심'의 중요성을 봅니다. 전문가일수록, 예전에는 유용했지만 지금은 그렇지 않은 지도를 사용할 공산이 큽니다. 어떻게 보면 이 책의 목적은 다양한 지도를 제공하는 것이라고도 말할 수 있습니다. 실제 지도에도 지형도, 지질도, 해상도처럼 다양한 종류가 있는 것처럼 우리도 어떤 현상을 볼 때 서로 다른 측면을 강조해서 보여주는 지도들을 활용힐 수 있습니다. 중요한 것은 그 다양한 지도를 서로 비교해서 최고의 지도를 찾는 게 아닙니다. 모두 지도에 불과하다는 사실을 명심하는 것입니다. '실제 현상'은 지도에 완벽히 묘사될 수 없습니다.

우리는 종종 내가 가진 지도에 완전히 부합하는 땅을 찾으려고 하는 실수를 저지릅니다. 지도와 현실이 불일치할 때마다 기존의 지도만 옳다고 생각해서 회피와 확증 편향으로 대응하면 장기적으로는 더 혼란스럽고 불행해질 수 있습니다. 세바스찬의 경우에 대입하자면 현재의 여자친구와 헤어지고 자신을 통제하지 않을 것 같은 여자친구를 찾는 행동이 그런 대응에 해당합니다.

그렇게 하면 세바스찬은 기존의 지도를 따라 진지한 관계에 관심이 없는 여성들만 만나게 됩니다(어쩌면 그들도 세바스찬과 비슷한 지도를 쓰고 있을지도 모릅니다). 그러면 사랑받고 안정된 기분을 느끼지 못한 채 피상적인 연애만 끝없이 반복할 뿐이죠. 여자친구들도 그저 가볍게 만날 생각뿐이니까 시간이 지나면 바람을 피우거나 관심이 식을 가능성이 큽니다. 그러면 세바스찬은 말하겠죠. "봤지? 사랑 아니면 자유, 둘 중에서 '하나'만 선택할 수 있는 거잖아!" 그의 지도가 자기실현적 예언이 되는 셈입니다. 다시 말해 모델이 점차 현실이 되는 것입니다.

세바스찬의 지도 속 세상에서는 항상 똑같은 이야기가

반복됩니다. 어디서 누구를 사귀든 언제나 같은 장면이 그려집니다. 그 외의 장면을 상상하려면 그 지도·세계관의 한계를 느끼고 싫증이 나야 합니다. 지도를 바꾸면 비로소 이전에 몰랐던 것이 하나둘 보이기 시작하죠. 흑백으로 된 약도만 보다가 컬러로 등고선과 삼림이 그려진 지형도를 볼 때처럼 세상이 완전히 달라진 느낌이 듭니다.

새 지도로 바꾼 후 세바스찬은 마침내 진지한 관계를 위해서는 자유와 개성을 포기해야만 한다는 가정을 다시 생각하게 될지도 모릅니다. 단, 사랑이 곧 개성의 포기를 뜻하지 않는 이 '신대륙'은 새로운 지도를 사용할 때만 발견할 수 있습니다.

이 지도의 비유를 일상에 접목하면 의사 결정 과정에서 최대한 명징한 판단으로 오류를 줄일 수 있습니다. 그 방법은 다음과 같습니다.

지도가 틀릴 수 있음을 인지하기

최악의 실수는 내가 절대로 실수할 리가 없다고 생각하는 것입니다. 내가 사용하는 지도가 여전히 유효하고 정확한지 수시로 확인해야 합니다. 뭔가 이상하거나 이해되지 않는 게 있으면 혹시 현상을 보는 나의 관점이 문제는 아닌지 곰곰이 생각해보세요. 혹시 자기도 모르게 사용하고 있는 지도가 있는지 알려면 '~해야 한다'라고 생각하고 있진 않은지 보면 됩니다. 그런 가정, 요구, 기대에 근거가 있는지 따져보세요. 증거를 찾으세요. 그런 생각에 명확한 증거가 있나요? 혹시 그냥 예전에도 통했으니까 이번에도 통할 것이라고 막연히 가정하고 있는 것은 아닙니까?

누가 만든 지도인지 파악하기

솔직히 말해서 많은 사람이 다른 사람에게서 받은 오래된 지도를 사용합니다. 세바스찬은 아버지에게 받은 지도를 그대로 썼습니다. 항상 결혼을 폄하했던 아버지의 관점을 부지불식간에 자기 것으로 받아들였습니다.

만일 다른 사람의 지도를 사용하고 있다면 그 사람이 어떤 동기로 지도를 만들었을지 생각해보세요. 그 사람의 동기가 지금 나의 동기와 일치합니까? 혹시 지금 내 방향성, 목표, 가치관을 더 잘 반영하는 지도가 필요하진 않을까요? 어쩌면 지금 쓰고 있는 지도를 만든 사람은 나 자신일 수도 있습니다. 과거의 내가 만든 거죠. 하지만 과거에 통했다고 지금도 통한다는 보장은 없습니다.

여러 지도를 비교하기

지도는 많을수록 좋습니다. 지도 한 장으로 모든 것을 알 수는 없지만 여러 장이 합쳐지면 더욱 선명한 그림이 그려집니다. 그래서 세바스찬은 다양한 사람에게 조언을 구할 필요가 있습니다. 자신과 다른 지도를 쓰고 있을 만한 사람들 말이죠.

자유와 관계에 대한 관점이 자신과 정반대인 사람의 이야기를 들어보면 어떨까요? 기왕이면 잠시 자신의 해석을 내려놓고 여자친구가 사용하고 있는 지도를 찬찬히 보는 건요? 여자친구가 무엇에 의미를 부여하는지 알면 그동안 못 봤던 등고선과 윤곽이 보일지도 모릅니다.

자존심 내려놓기

우리는 내가 만든 지도를 나와 동일시하기 쉽습니다. 세계를 해석하는 자신의 모델에 집착해서 그 모델이 공격을 받으면 마치 자신이 공격을 받은 것처럼 이를 악물고 방어에 나섭니다. 실제 현실과 무관하게 자신이 좋아하고 편하게 느끼는 세계관에 매달리는 것은 오만입니다. 그리고 내가 틀렸을 가능성을 생각하기 싫으니까 내가 만든 세계관이 최고라고 생각하면 곤란합니다.

코르지브스키의 말은 수학처럼 추상적으로 세계를 표현할 때 발생할 수 있는 문제를 지적한 것이지만 우리의 일상에서는 그처럼 지적인 측면보다는 정서적 측면에서 자신을 속일 가능성이 더 큽니다. 다시 말해 어떤 지도가 객관적으로 볼 때 가장 유용하거나 가장 합리적인 지도라서 이용하는 게 아니라 순전히 어떤 정서적 필요를 채워주기 때문에 이용하는 것입니다. 예를 들면 세바스찬처럼 두려움(혹은 게으름, 분노, 오만) 때문에 왜곡된 세계 지도를 만드는 것이죠. 자존심을 내려놓는다는 말은 쓸모없는 지도를 접어두고 더 나은 지도를 탐색한다는 의미입니다.

지도와 땅이 다를 때는 땅을 따라가기

의미론적 혼란이 문제라고 생각할 필요는 없습니다. 오히려 새로운 데이터가 확보된 것입니다. 나심 탈레브는 "특정한 모델이 어떤 위험 요소를 보여줄 수는 있어도 그 모델을 사용할 때 따르는 위험은 보여주지 않는다. 게다가 모델에 사용되는 매개 변수는 한정돼 있지만 현실에는 위험의 원천이 무한히 존재한다"라고 말했습니다. 모델의 한계를 깨달았다면 오히려 잘된 일이죠.

뭔가가 잘 안 풀릴 때 지금 사용 중인 모델의 문제점이 드러나진 않았는지 생각해보세요. 지도와 현실이 불일치한다면 억지로 지도에 부합하도록 현실을 해석할 일이 아니라 이 기회에 지도가 현실을 더 잘 반영하게 개선하면 됩니다. 예를 들어 '가면증후군'에 시달린다고 해보죠. 가면증후군이란 자신이 실력 이상의 성공을 거뒀지만 언제 실력이 들통날지 모른다고 생각해서 불안해하는 심리입니다. 이때 그 지도는 사람들 앞에 나서는 게 매우 위험하다고만 말할 뿐 그 지도를 사용할 때 어떤 위험이 따르는지는(기회비용, 저성과, 자존감 저하 등) 보여주지 않습니다.

특정한 세계관은 위험과 보상을 보는 특정한 관점을 형성합니다. 하지만 세계관 자체가 우리를 위험에 노출할 수 있습니다. 그러니까 뭔가 이상할 때는 일단 내가 틀렸다고 가정하고 그 증거를 찾으세요. 내가 사용하는 생각의 도구들이 과연 유효한지 따져보세요.

고민만 하다가 하루가 다 갔을 때

✣

뷔리당처럼
어떤 선택이든 해보기

"매진은 말이 아니라
행동으로 하는 것이다."
장 폴 사르트르

이런 이야기가 있습니다. 허기지고 목마른 당나귀가 길을 가고 있었습니다. 주위를 둘러보니 왼쪽에는 물통에 담긴 시원한 물이, 오른쪽에는 먹음직스러운 건초더미가 보였습니다. 당나귀는 물통 쪽으로 가다가 마음이 바뀌었습니다. '건초부터 먹어야지.' 하지만 건초더미로 가다가 또 마음이 흔들립니다. '내가 지금 목이 더 마른가, 배가 더 고픈가? 물통과 건초 중에서 어느 쪽이 더 낫지?'

갈팡질팡하며 시간만 낭비하던 당나귀는 결국 허기도

갈증도 해결하지 못힌 채 길 한복판에서 죽고 말았습니다. 선택할 게 없어서 죽은 게 아니라 선택을 못 해서 죽은 것입니다.

이 이야기는 아리스토텔레스의 시대에도 인기였다는 말이 있을 만큼 오래된 설화지만 프랑스 철학자 장 뷔리당Jean Buridan의 이름을 따서 뷔리당의 당나귀라고 불립니다. 주제는 인간의 약점인 우유부단입니다. 만일 당나귀가 갈증이든 허기든 일단 하나를 해결한 후 다른 하나도 해결할 수 있다는 것을 알았다면 결국 둘 다 해결됐을 것입니다. 하지만 아무것도 선택하지 못한 당나귀의 행동은 모 아니면 도라는 사고방식의 문제점을 잘 보여줍니다. 지금 '나쁜 선택'을 하면 다 끝장이라고 생각하는 것입니다. 사실은 그런다고 망하는 게 아니라 그 후에 또 다른 선택을 할 수 있는데 말이죠.

뷔리당의 당나귀는 근시안적 완벽주의의 문제도 보여줍니다. 지금 당장 최적의 선택으로 결판을 내야 한다고 생각하니까 아무것도 선택하지 못합니다. 그보다는 일단 선택한 후 실수에서 교훈을 얻는 편이 훨씬 낫습니다.

최적의 선택을 논하자면 선택이라는 행위의 속성과 우유부단함의 비용을 생각해봐야만 합니다. 무엇을 선택해야 할지 몰라 고민해봤다면 당나귀의 딜레마에 깊이 공감할 것입니다. 우리는 무조건 선택권이 있는 게 좋다고 생각합니다. 문화적으로 자율성, 자유의지, 주체성을 높이 치기 때문입니다. 하지만 그런 인식은 결과적으로 선택의 부담을 키울 뿐만 아니라 이런 의문을 부릅니다. 과연 선택권은 어느 정도가 적당한가? 어느 수준을 넘어가면 뷔리당의 당나귀처럼 선택권이 더는 선물이 아니라 걸림돌이 되는가?

요즘은 과거에 비해 워낙 많은 정보가 유통되다 보니 우리가 선택할 수 있는 것(또는 선택할 수 있다고 착각하는 것)이 워낙 많습니다. 하지만 선택할 수 있는 게 늘어났다고 더 행복해진 것은 아닙니다. 정보가 많다고 더 자신 있게 선택할 수 있는 것도 아닙니다. 오히려 많은 사람이 쩔쩔매며 중압감을 느낍니다.

심리학자이자 선택 전문가인 배리 슈워츠Barry Schwartz의 '잼 실험' 이야기를 해보겠습니다.

> "한 연구진이 프리미엄 식품 매장에서 특색 있는 고급 잼의 시식대를 차리고 1달러 할인 쿠폰을 나눠줬다. 한 조건에서는 시식 가능한 잼이 6종이었고 또 다른 조건에서는 24종을 모두 시식할 수 있었다. 두 경우 모두 구매할 수 있는 잼은 24종으로 동일했다. 24종을 시식할 수 있을 때 시식대에 더 많은 사람이

몰랐지만 실제로 사람들이 평균적으로 시식한 잼의 수는 두 경우가 거의 비슷했다. 하지만 구매율은 크게 달랐다. 6종만 시식 가능할 때는 시식대에 온 손님 중에서 30퍼센트가 잼을 구입했지만 24종을 시식 가능할 때는 잼을 구입한 사람의 비율이 3퍼센트에 불과했다."

슈워츠의 실험에서 우리는 <u>선택 가능한 게 너무 많으면 오히려 결단력이 저하되는 '선택 마비'가 생길 수 있다는</u> 사실을 알게 됩니다. 의사 결정 능력을 키우고 싶다면 생각해봐야 할 문제입니다. 선택은 스트레스를 유발합니다. 선택은 시간, 에너지, 인지 자원을 잡아먹습니다.

더군다나 선택의 폭이 넓다고 해서 최적의 선택에 필요한 정보를 더 많이 갖고 있다는 법도 없습니다. 언제나 우리가 모르는 부분이 있기 마련이고 보통은 그 미지의 요소들을 평가하거나 비교할 방법이 없습니다. 그래서 "바로 이거야. 이게 '최선'의 선택이야"라고 자신 있게 말하기 어렵습니다. 그렇게 과감히 선택할 수 없으니 자꾸 선택을 망설이며 스트레스를 받습니다.

SNS에는 지금과 다른 진로와 삶에 대한 이미지가 넘쳐납니다. 자기계발서는 언제나 지금보다 더 행복하고 풍요로운 삶이 기다리고 있으니 우리가 선택만 하면 되는 문제라고 말합니다. 인플루언서, 정치인, 방송인, 온갖 선동가가 지금과 다른 직업, 다른 생각, 다른 삶을 아름답게 제시합니다. 그러면서 자꾸만 넌지시 묻습니다. 당신은 무엇을 선택하겠습니까? 당신이 원하는 것은 무엇입니까?

우물쭈물하다 길 한복판에서 죽은 뷔리당의 당나귀처럼 우리도 선택의 홍수에 휩쓸려 어쩔 줄 모를 때가 있습니다. 최적의 선택을 해야 한다는 부담감 때문에 정작 아무것도 선택하지 못합니다.

<u>당나귀 문제의 해법은 간단합니다. 일단 뭐라도 선택하는 것입니다.</u> 무엇을 선택하느냐가 중요할 수도 있지만 의외로 중요하지 않을 수도 있습니다. 단 한 번의 선택이 인생을 좌우하는 경우는 별로 없습니다. 인생에서 중요한 것은 꼬리에 꼬리를 물고 이어지는 선택의 연속선입니다. 그 연속선을 만들려면 일단 선택을 해야겠죠.

선택은 잼을 시식하고 구매하는 일상적 활동만 아니라 직업, 관계, 거주지, 생활 방식처럼 인생에서 더 중요한 부분에도 영향을 미칩니다. 뷔리당의 당나귀는 <u>아무것도 선택하지 않고 우물쭈물하는 것이야말로 '잘못된 선택'이라는 교훈</u>을 줍니다. 예를 한번 들어보겠습니다.

> **장의 고민**
>
> ## "사업 대상을 누구로 하지?"
>
> 장 뷔리당을 기리는 차원에서 장이라는 사람이 있다고 하겠습니다. 장은 운동 코칭 사업을 시작하겠다면서 주력 분야를 무엇으로 정할지 '조사'하느라 시간을 많이 썼습니다. 교육 프로그램도 여러 개 듣고, 책도 여러 권 읽고, 전문가들과 대화도 많이 했습니다. 하지만 여전히 결정을 못 하고 있습니다. 출산 후 체중 감량을 원하는 산모들을 대상으로 할 것인가, 아니면 건강한 노년을 보내고 싶은 여성들을 대상으로 할 것인가 고민입니다.

그 고민이 해결될 때까지 장은 창업을 차일피일 미룹니다. 그리고 또 해결해야 할 자잘한 문제들이 있습니다. 코칭료는 얼마를 받을 것인가? 자신을 어떤 직함으로 소개할 것인가? 어디에 광고를 낼 것인가? 명함에 어떤 서체를 쓸 것인가?

보다시피 장은 창업을 앞두고 '길 한복판에서 죽기' 일보

직전입니다. 꼬박 1년을 고민만 했습니다. 그러다 마침내 결단을 내리지만 아뿔싸, 이상적인 선택은 아닙니다. 그렇게 오랫동안 고민하고도 '완벽한 선택'을 하진 못했습니다. 주력 분야, 코칭료, 직함, 명함 서체를 정하긴 했지만 모두 차차 개선해야 합니다.

여기서 보듯이 고민하며 결정을 미룬다고 해서 '더 좋은' 결정을 한다는 보장이 없습니다. 아까운 시간만 낭비할 뿐입니다.

장은 이렇게 했습니다.

1. 꼬박 1년 동안 계획을 세우고 '조사'하면서 고민한다.
2. 행동한다.
3. 결과를 보고 개선한다.

소요 시간: **1년** | 노력의 강도: **강** | 배움의 기회: **딱 한 번**

하지만 이렇게 할 수도 있었습니다.

1. 무엇을 할 수 있을지 일주일 정도 간단히 조사한다.
2. 행동한다.
3. 결과를 보고 개선한다.

4. 2~3단계를 반복한다.

소요 시간: **몇 주** | 노력의 강도: **중** | 배움의 기회: **여러 번**

'이상적인 결과가 나올 것이라고 100퍼센트 확신하기 전까지 행동을 미뤄야 한다'는 생각에는 보이지 않는 비용이 존재합니다. 시간이 낭비될 뿐만 아니라 배움의 기회도 놓칩니다. 어떤 선택이 옳은 선택인지 알려면 일단 선택하고 결과를 보는 수밖에 없을 때도 있습니다.

'사람들이 어떤 서체를 제일 좋아할까?'를 한참 고민하는 것보다 일단 무슨 서체든 선택하고 결과를 보는 편이 더 쉽고 더 합리적입니다. 이 경우에는 '무행동'에서 발생하는 비용이 일단 행동한 후 데이터를 수집하고 개선해서 다시 행동할 때 생기는 비용보다 훨씬 큽니다.

시간은 금입니다. 그리고 웬만해서는 한 번의 결정이 끝이 아닙니다(물론 앞에서 말한 1유형 결정도 존재합니다. 하지만 정말로 결정을 돌이킬 수 없는 경우는 생각만큼 흔하지 않습니다). 장은 최적의 선택을 위해 시간과 에너지를 낭비했지만 그렇다고 고민을 덜어줄 정보가 더 생긴 것도 아닙니다. 장이 한다는 '조사'는 사실 회피와 지연일 뿐입니다.

'매진'의 힘

우리가 인정하기 싫어하는 진실이 있습니다. 완벽한 선택이 가능할 만큼 정보를 확보하는 것은 절대로 불가능하다는 것입니다. 우리는 미래를 내다볼 수 없고 우연의 개입을 막을 수도 없습니다. 나름대로 합리적인 예측을 하고 확률을 계산했다고 해도 여전히 무엇이 옳은 선택인지 모른 채 눈 딱 감고 믿음의 도약을 해야 할 때, 즉 일단 저질러야 할 때도 있는 법입니다(이 부분은 뒤에서 다시 설명하겠습니다). 그런데도 계속 최적의 선택을 고민하며 제자리걸음만 하는 것을 '분석 마비'라고 부릅니다. 분석 마비에 걸리면 이도 저도 안 됩니다.

반대로 행동에 나서면 진전이 생깁니다. 새로운 것을 경험하고 데이터를 확보합니다. 피드백을 받습니다. 나의 가정이 '현실 세계'에 얼마나 부합하는지 알게 됩니다. 세계는 우리의 노력에 반응하고, 그러면 우리에게는 개선의 기회가 생깁니다. 우리는 인생의 성패를 가르는 것이 한두 번의 중대한 결정이 아니라 꼬리에 꼬리를 물고 수없이 이어지는 사소한 결정임을 깨닫습니다.

만일 뷔리당의 당나귀가 물통과 건초더미 중 하나를 선택했다면 별안간 새로운 세상이 열렸을 것입니다. 즉, 또 다른 선택이 가능해졌을 것입니다. 그렇다면 이것을 선택한 후 저것을 선택하면 됩니다. 이처럼 어떤 것을 선택하면 또 선택할 수 있는 것이 생깁니다. '틀린' 선택일지라도 주변 환경에 영향을 미쳐 또 다른 선택의 가능성이 열립니다.

놀랍게도 틀린 선택에도 가치가 있습니다. 틀린 선택으로 데이터가 생성돼 배움의 기회가 생깁니다. 선택의 지형이 바뀝니다. 혹은 같은 지형이라도 이전과 다른 관점에서 보게 됩니다. 즉, '진전'이 생기는 것이죠. 그러나 선택하지 않고 우물쭈물하면 정체됩니다. 새로운 데이터가 생기지 않고 똑같은 정보만 곱씹게 됩니다. 그러면 문제를 해결하는 게 아니라 그저 고민만 반복할 뿐입니다.

일단 행동할 결심

만일 뷔리당의 당나귀 이야기에 공감한다면 이제 '최적의 행동'을 고민하지 말고 어떤 행동이든 가치가 있다고 생각을 바꿔야 할 때입니다. 어떤 길이든 일단 선택하고 매진한 후에야 비로소 동기가 생기고 상황이 명확하게 이해되는 경우도 분명히 있습니다. 사실 선택에 확신과 각오가 생기는 것은 그런 선택을 한 후에 나타나는 효과입니다. 선택의 폭을 좁히면 오히려 더 자유로워지고 마음이 놓입니다. 다음

할 일은 최적의 선택을 고민하는 게 아니라 '이미 선택한 것'에서 최적의 결과를 얻을 방법을 찾는 것입니다. 여기에는 큰 차이가 있습니다.

어떤 길을 선택하고 매진한다는 것은 평생 그 선택의 결과를 떠안고 살아야 한다는 뜻이 아닙니다. '매진'은 '실천 의지'라고 생각하면 좋겠습니다. 계속해서 행동하고, 묻고, 경험에서 배우는 것입니다. 항상 마음을 열어놓고 과학적 방법을 사용하는 것입니다. 다시 말해 적극적이고 의도적인 행동을 통해 데이터를 수집하고 가정을 검증하며 좋은 결과에 도달하는 것입니다.

이렇게 보면 행동이란 완벽한 지식과 확신이 생겼을 때 나오는 '결과'가 아니라 시행착오를 거치며 그런 지식과 확신에 이르는 '과정'입니다. 이 단락을 시작하면서 '매진은 행동으로 하는 것'이라는 장 폴 사르트르의 말을 인용했습니다. 역으로 생각하면 행동하는 것이 곧 매진하는 것입니다. 하지만 행동을 통해 어떤 선택에 매진한다고 해서 자유가 제약되고 가능성의 지평이 좁혀지는 것은 아닙니다. 오히려 새로운 지평이 열립니다. 뷔리당의 당나귀는 선택의 폭이 가장 넓을 때 가장 자유롭지 못하고, 우유부단을 극복하고 행동을 취할 때 가장 자유롭습니다. 뷔리당의 당나귀처럼 되고 싶지 않다면 기억해야 할 것이 있습니다.

- 선택의 폭이 넓으면 오히려 갈팡질팡하게 될 확률이 높다. 단순할수록 좋다.
- 일단 한 가지를 한 후에 다른 것을 한다. 동시에 여러 목표와 과업을 처리하려고 하지 말고 순차적으로 생각한다. 일단 건초를 먹은 후에 물을 마시면 된다.
- 돌이킬 수 없는 1유형 선택이 아니라면 어떤 식으로든 행동하는 게 아예 행동하지 않는 것보다 낫다. 한 번의 선택에 인생의 성패가 달렸다고 생각하지 말자.
- 완벽한 결과를 기대하지 말고 그럭저럭 괜찮은 결과에 만족한다.

요약

- 비아 네가티바(부정의 길) 사고모델은 덧셈이 아닌 뺄셈을 강조합니다. 내가 잘 모르고 정확히 계산할 수 없는 것의 본질을 더 잘 이해하려면 일단 내가 잘 알고 더 명확하게 계산할 수 있는 것을 찾아서 하나씩 빼 나가면 됩니다.

  우리는 진리에 도달하는 게 아니라 다만 확실히 틀린 것을 하나둘 제거해 나갈 뿐입니다. 그래서 뭔가를 성취하려고 애쓰기 전에 일단 '덜 틀리는 것'을 목표로 실수를 줄이는 데 초점을 맞춰야 합니다. 비아 네가티바는 경계와 한계를 깨닫고 나의 가치관과 목표에 집중하게 합니다.

- 땅(현실)과 지도(우리가 현실을 해석하고 이해하고 설명하기 위해 사용하는 모델)는 엄연히 다릅니다. 땅과 지도가 불일치할 때는 배움의 기회가 생겼다고 생각하고 지도를 수정하면 됩니다. 지도는 단순하게 만들다 보니 한계가 있을 수밖에 없습니다. 그래서 틀릴 수 있고 구식이 될 수 있습니다. 섣불리 가정하지 말고, 누가 왜 어떤 지도를 만들었는지 묻고, 꾸준히 내 지도를 다른 지도와 비교하세요.

ⓘ 선택할 수 있는 게 너무 많으면 '선택 마비'에 걸려서 망설이다가 비싼 대가를 치를 수 있습니다. 뷔리당의 당나귀 이야기는 계속 고민만 하는 것보다 일단 '어떤 행동'이든 하는 게 나을 때도 있다는 교훈을 줍니다. 고민한다고 더 나은 선택을 한다는 보장이 없습니다. 귀한 시간만 낭비할 뿐입니다.

완벽한 선택이 가능할 만큼 정보를 확보하는 것은 절대로 불가능합니다. 그래서 끊임없이 데이터를 수집하는 것보다는 일단 행동하고 교훈을 얻은 후 개선하는 편이 낫습니다. 틀린 선택도 가치가 있습니다. 틀린 선택도 주변 환경에 영향을 미쳐 변화를 일으킵니다.

5장

Philosopher's Mental Models

철학자의 사고모델 다섯 번째

미지수를
수용하는
결정

Vampire ○ Kierkegaard ○ Plato

마지막 장에서는 지금까지 넌지시 언급만 했던 부분을 다루려 합니다. 바로 의사 결정 과정에 존재하는 불확실성과 미지의 요소입니다. 우리가 무엇을 선택할 때 어떤 결과가 나올지 항상 정확히 예측할 수 있다면 얼마나 편할까요? 물론 불가능한 일입니다. 아무리 비용과 보상을 따져본다고 해도 언제나 우리가 알 수도, 측량할 수도 없는 미지수가 존재합니다. 그게 바로 우리를 가장 애먹이는 부분입니다.

알 수 없거나 이해할 수 없는 요소가 존재하는 현실을 우리는 어떻게 극복할 수 있을까요? 완벽한 지식이 없어도 현명하게 행동하려면 어떻게 해야 할까요? 이번 장에서는 우리의 현미경을 망원경처럼 써서 가장 거시적인 관점에서 인간의 자유의지와 선택이라는 문제를 논해보겠습니다. 우리가 절대로 다 알 수 없는 세상에서 과연 자유와 의미가 존재할 수 있을까요?

아이를 낳아야 할까? 선택이 두려울 때

✽

뱀파이어 비유

> "진정성 있게 산다는 것은,
> 삶이 크고 작은 믿음의 도약으로
> 이루어져 있음을 이애하는 일이다."
>
> 로리 앤 폴 Laurie Ann Paul

뷔리당의 당나귀는 물을 먼저 마실지 건초를 먼저 먹을지만 결정하면 됐습니다. 하지만 우리가 현실에서 직면하는 선택의 문제는 훨씬 복잡합니다! 특히 인생의 전환점이 되는 중대한 선택일수록 우리를 힘들게 합니다. 예를 들면 결혼이나 이혼을 할 것인가, 먼 나라로 가서 새로운 삶을 시작할 것인가, 오래 배우고 훈련해야 하는 직업에 매진할 것인가, 아이를 낳을 것인가, 몇 명이나 낳을 것인가 같은 문제입니다.

그런 문제 앞에서는 도무지 해결의 실마리조차 못 찾겠

다는 생각마저 듭니다. 노스캐롤라이나대학교 채플힐캠퍼스의 철학 교수 로리 앤 폴은 우리가 중대한 결정을 내릴 때 바로 그런 혼란스러움을 받아들여야 한다고 말합니다. 폴은 그가 말하는 '변혁적 결정'의 본질을 설명하기 위해 인간이 뱀파이어가 되는 이야기를 제시합니다.

어느 날 누가 당신에게 와서, 원한다면 뱀파이어로 만들어주겠다고 제안합니다. 목을 물리는 순간 영원히 뱀파이어로 살아야 합니다. 한 번 선택하면 절대로 돌이킬 수 없습니다. 뱀파이어가 되면 장단점이 있습니다. 신중하게 생각해볼 문제입니다.

이제 뱀파이어의 삶에 관한 책을 읽어볼 수도 있고, 뱀파이어에게 조언을 구할 수도 있고, 뱀파이어에 관한 통계를 찾아볼 수도 있고, 뱀파이어가 된 것을 후회하는 사람과 뱀파이어가 되길 잘했다고 생각하는 사람의 이야기를 읽어볼 수도 있습니다. 하지만 로리 앤 폴은 사실 그런 게 중요하지 않다고 말합니다.

왜 그럴까요? 일단 뱀파이어가 되고 나면 나는 더 이상 내가 아니기 때문입니다. 이제 나는 뱀파이어입니다. 그때부터는 모든 게 다르게 보입니다. '변혁적 변화transformational change'를 겪었기 때문입니다. 변혁적 변화는 기본적으로 내가 어떻게 반응할지 예측할 수 없는 변화입니다.

변혁적 변화가 어떤 결과를 부를지는 겪어봐야만 알 수 있습니다. 그리고 일단 그런 변화가 일어나면 돌이키기엔 늦습니다. 결혼이나 이혼을 하고, 아이를 낳고, 타국으로 떠나는 것은 모두 우리의 의식 구조를 송두리째 바꿔놓습니다. 가치관, 관점, 경험, 인식, 의미체계가 완전히 바뀝니다.

뱀파이어로 사는 것을 제안받았을 때는 불멸의 존재가 되면 마냥 좋을 것 같았을지 몰라도 정작 불멸의 존재가 되면 별안간 인간일 때 생각하지 못하고 경험하지 못했던 것이 몰려듭니다. 여기에 시간이란 변수까지 끼어들면 이 근본적 변화에 누적 효과가 생깁니다. 스물다섯 살 때는 뱀파이어가 멋있어 보였어도 125세가 되면 생각이 달라지고 525세가 되면 또 달라질 것입니다!

이처럼 경험은 언제나 우리를 변화시킵니다. 우리는 어떤 결정을 내린 후의 내가 지금의 나와 똑같은 사람일 것이라고 착각합니다. 하지만 어떤 행동의 가치를 알려면 그 행동의 결과를 직접 겪어봐야만 할 때도 있습니다. 그 이전에는 그저 추측만 할 수 있을 뿐입니다.

그래서 "이 선택안 중에서 지금의 내가 가장 좋아히는 것은 무엇인가?"라고 묻지 말고 "미래의 내가 어떤 사람이었으면 좋겠는가? 앞으로 나는 어떻게 변하고 싶은가?"라고 물어보는 것도 좋습니다. 그러면 그 선택으로 인해 변화가 일어날 것이고 그 변화를 바라보는 시각 또한 지금과 달라질 수 있다는 사실을 인정하게 됩니다.

폴이 제시하는 예가 또 있습니다. 두리안을 한 번도 먹어본 적이 없다고 해보죠. 두리안의 이색적인 맛은 호불호가 확실히 갈려서 어떤 사람은 역겨워서 못 먹겠다고 하고 또 어떤 사람은 세상에 이렇게 맛있는 과일이 없다고 말합니다. 어느 날 두리안을 맛볼 기회가 생깁니다. 두리안에 도전할 수도 있고 그냥 파인애플처럼 평소 좋아하는 과일을 먹을 수도 있습니다.

여기서 문제는 폴의 표현을 빌리자면 '인식론적 접근 불가능성'입니다. 두리안의 맛에 대한 정보는 모두 블랙홀 속에 있습니다. 다른 사람의 의견을 아무리 많이 들어도 어떤 맛일지 절대로 알 수 없습니다. 직접 맛보기 전에는요. 그래서 두리안을 먹기 전에는 두리안을 먹는 것의 가치를 측정할 방법이 없습니다. 두리안의 맛은 완전히 미지의 요소이기 때문에 어떤 방법으로도 위험과 보상을 계산할 수 없습니다.

이렇게 말하면 너무 비관적으로 들릴 수도 있습니다. 아니, 그런 조건에서 어떻게 결정을 하란 말일까요? 돌이킬 수 없을 만큼 중대한 결정을 내려야 하는 상황에서 어떻게 '시행착오'를 감수한다는 말입니까?

폴은 학술적이고 철학적인 관점에서 이런 질문을 제기하고 있지만 우리는 더 실용적인 차원에 초점을 맞추기로 하죠. 인간은 스스로 내린 결정으로 인해 변화합니다. 의사 결정 과정에서 이 점을 고려하지 않으면 문제가 생깁니다. 따라서 어떤 결정으로 인해 변혁적 변화가 발생할 가능성이 있다면 염두에 둬야 할 부분이 몇 가지 있습니다.

결정의 비가역성 수용하기

비가역성은 생각만큼 무서운 것이 아닙니다. 이렇게 생각해보세요. 어떤 결정을 돌이킬 수 없다는 사실은 반대편에서 보면 다르게 느껴질 수 있습니다. 즉, 일단 그 결정을 내린 후에는 생각이 달라질 수 있습니다.

우리는 중대한 결정을 내린 직후 안도감을 느낄 때가 많습니다. 그 이유는 다름이 아니라 이제 돌이킬 수 '없기' 때문입니다. 결정을 내리기 전에는 돌이킬 수 없을까 봐 전전긍긍했어도 일단 결정을 내린 후에는 마음이 완전히 달라질 수 있습니다. 다시 말해 비가역성은 대개 결정을 내리기 전에 더 심각하게 느껴집니다.

경험자에게 조언 구하기

실제로 결정을 내리기 전에는 그 결정으로 인해 어떤 느낌이 들지 예측하는 게 근본적으로 불가능하다는 사실을 받아들이면 의사 결정 과정에서 의식적으로 그런 맹점에 대응할 수 있습니다. 남들의 경험담을 듣는다고 미스터리가 풀리진 않겠지만, 그래도 더 많은 정보를 근거로 더 편한 마음으로 더 자신 있게 결정을 내릴 수는 있습니다. 그리고 결정을 내린 후 닥칠 상황에 대비해 미리 계획을 세우는 데도 도움이 됩니다.

만약 아이를 낳을 것인가 말 것인가(혹은 언제 낳을 것인가, 몇 명이나 낳을 것인가) 하는 문제로 고민 중이라면 이미 아이를 낳은 사람들과 이야기해보는 게 좋은 방법입니다. 그중에는 선뜻 아이를 낳기로 한 사람도 있고 망설이다가 어쨌든 낳아보기로 한 사람도 있을 것입니다. 그 사람들이 아이를 낳기 전에 알았으면 좋았겠다 하는 게 무엇일까요? 아이를 낳기 전에 막연하게 '이렇겠지' 생각했지만, 현실과 다른 것은 무엇일까요?

그들에게 적극적으로 조언을 구하면서 되도록 지금의 내가 아니라 미래에 변해 있을 법한 나의 관점에서 그 말을 들으려고 해보세요. 설령 그렇게 상담하고도 당장 결정에 도움이 될 정보를 얻지 못한다고 해도 결정을 내릴 용기는 더 커질 것입니다. 나중에 어떤 결과가 나오든 간에 결정을 내린 시점에는 제한된 지식을 근거로 최선의 선택을 했다고 말할 수 있기 때문입니다. 그러면 후회할 가능성이 훨씬 작아집니다.

말이 나왔으니 말인데 나중에 후회를 덜 하려면 타인의 조언을 듣고 만일의 사태에 대비하세요. 아이를 낳아서 기르는 게 식은 죽 먹기가 될지 악몽이 될지는 현시점에서 알 수 없지만, 악몽이 될 때를 대비하려면 어떻게 해야 할까요? 이런 식으로 생각하면 인생을 마냥 운명의 손에 맡기지 않고 더 능동적으로 개척해나갈 수 있습니다.

순간의 선택이 인생을 좌우한다는 착각

살다 보면 물론 단 한 번의 선택에 좌우되는 일도 있습니다. 하지만 웬만해서는 아무리 중요한 일이라고 해도 그런 식으로 단번에 모든 게 끝나지 않습니다. 인생은 선택의 연속입니다. 심각한 실수를 저지른다고 해서 앞으로 선택, 변화, 개선의 여지가 아예 없어지는 경우는 거의 없습니다(괴팍한 니체 영감님은 동의하지 않을지도 모르지만요).

순간의 선택이 인생을 좌우할 수 있다는 착각에서 벗어

나면 그만큼 부담이 줄어듭니다. 선택의 결과는 서서히 나타나기 때문에 조정의 여지가 있습니다. 세상에 100퍼센트 나쁜 일이나 100퍼센트 좋은 일은 거의 없습니다. 그러니까 설령 어떤 선택을 되돌릴 수 없다고 해도 그 결과를 수용하고 상황에 맞게 대처하면 됩니다. 우리의 삶은 선택과 결과가 서로 맞물려 돌고 도는 춤판과 같습니다(우리가 두른 '업'이란 망토가 기억나시죠?). 어떤 선택이 아무리 인생에 결정적인 영향을 미칠 것처럼 보여도 나중에 가치관, 목표, 인식을 재정립할 기회는 얼마든지 있습니다.

변혁적 변화가 무섭게 느껴지더라도 사실 그런 변화야말로 우리가 진정으로 원하는 것입니다. 우리는 나의 행동에 나의 세상을 완전히 바꿀 힘이 있길 바랍니다. 그렇지 않으면 우리의 행동에 무슨 큰 의미가 있을까요?

<u>나의 세상을 선택하고 바꾸는 힘은 아모르파티, 즉 어떤 굴곡이 있을지언정 나의 삶을 수용하는 용기와 맞닿아 있습니다.</u> 아무리 의심, 두려움, 불확실성 속에서 중대한 결정을 내려야 하더라도 시간이 지나면 모든 게 전혀 다르게 보일 수 있으니 안심하세요. 어쩌면 결정을 내린 직후에 그렇게 될지도 모릅니다. 인생은 선택과 변화가 이어지는 여정임을 명심하세요.

결혼이 망설여질 때

✣

키르케고르처럼
믿음의 도약하기

"인생은 뒤를 돌아볼 때 비로소 이해된다.
하지만 사는 것은 앞을 보며 살아야 한다."
쇠렌 키르케고르

마지막 장에서 더 거시적이고 추상적인 사고모델을 살펴보는 김에 믿음-이성의 연속선에서 가장 먼 쪽으로 가보겠습니다. 이 단락에서는 덴마크 철학자 쇠렌 키르케고르가 제시한 '믿음의 도약leaf of faith'이라는 사고모델을 알아보려고 합니다.

앞 단락에서 철학자 로리 앤 폴은 근본적으로 미지의 영역일 수밖에 없는 미래를 처리할 방법을 고민했습니다. 폴은 우리가 언제나 세계에 '속해' 있어서 그 세계와 완전히 분리된 이성적 상태에서 눈앞의 선택안들을 분석할 수 없다고 봤습니다. 그리고 모든 선택은 우리를 크게 변화시킬 가능성과 함께 변화에 대한 우리의 인식마저 변화시킬 가능성이 있다고 말했습니다.

키르케고르의 사상은 조금 다릅니다. 키르케고르는 '이성과 경험적 증거를 초월하는 것을 모두 의도적으로 수용하기'를 권합니다. 키르케고르에 따르면 이렇게 미지의 영역에 들어가는 것은 믿음의 문제에 가깝습니다. 여기서 믿음이란 단순히 어떤 것을 믿는 차원을 넘어서는 적극적 행동을 의미합니다. 즉, 논리와 이성으로 증명, 설명, 이해할 수 없는 것을 일부러 선택하거나 수용하는 것입니다. 키르케고르는 이것이 종교나 영성의 문제만 아니라(그 부분에 초점을 맞추긴 했지만) 기본적으로 불확실성이 존재하는 세계에서 지혜롭게 살기 위해서도 중요한 문제라고 봤습니다.

키르케고르는 우리의 이성과 논리에 한계가 있을 수밖에 없다고 말합니다. 하지만 믿음은 무언가를 마지못해 받아들이는 것이 아니고, 아직 이해할 수 없는 것을 임시로 넣어두는 보관함도 아닙니다. 믿음은 인생을 이해하기 위해 필수적이고 중요한 요소라고 해도 좋습니다.

이것은 지식 습득에 대한 통념을 거부하고 주관적 경험의 가치를 인정하는 관점입니다. 우리는 나만의 세계관을 채택하고 불완전한 지식을 근거로 과감하게 행동하는 의지를 통해 세계를 '알고' 이해할 수 있지 않을까요?

믿음은 쉽게 정의할 수 없는 개념입니다. 키르케고르에게 믿음이란 신뢰, 헌신, 충의와 비슷한 덕목이었습니다. 그의 사상에 영향을 받은 포스트모더니즘과 실존주의 사상가들은 믿음을 선택하는 게 인간의 자유를 강력하게 행사하는 행위요, 더 나아가 아름다운 행위라고까지 봤습니다. 믿음은 무엇이 사실이라고 확신하는 게 아니라 확신이 없이도 그것을 선택하는 행위입니다. 그리고 믿음은 종교에 국한되는 개념이 아니라 이성과 증거로 명확하게 설명되지 않는 모든 것에 적용할 수 있습니다.

그래서 '도약'이란 표현이 사용됐습니다. 자발적으로 위험을 무릅쓰고 미지의 영역에 뛰어드는 것입니다. 이 도약은 이성으로 설명하거나 정당화할 수 없습니다. 다만 경험할 수 있을 뿐입니다. 수피즘(Sufism, 이슬람의 신비주의 전통으로, 신과의 직접적이고 내면적인 합일을 추구하는 사상과 실천 체계·옮긴이) 시인 잘랄루딘 루미Jalāl ad-Dīn Muhammad Rūmī의 말을 빌리자면 "길을 걸을 때 비로소 길이 보인다"라고 하겠습니다. 키르케고르는 그런 도약의 결과로 합리성, 무오류성, 확실성을 어느 정도 양보하는 대신 더 강한 의지와 열정과 목적의식으로 인생을 살 수 있다고 말합니다. 선택의 문제 앞에서 어느 쪽을 선택하든 <u>확실한 것은 없다</u>는 사실을 받아들이면 상황을 보는 관점이 어떻게 달라질까요?

미지의 영역으로 뛰어든다고 하면 과격한 행동, 더 나아가 무모한 행동으로 느껴지기도 하지만 사실 우리의 삶은 이미 그런 '도약의 연속'입니다. 평소에는 그럴듯한 환상으로 자신의 행동을 합리화할지 모르지만 정말로 '중대한 문제'에 직면했을 때 과연 필요한 정보를 모두 확보했다고 진심으로 말할 수 있는 사람이 있을까요?

변혁적 결정이 무섭게 느껴질 수 있지만, 관점을 바꿔서 보면 그런 결정은 현재의 상태를 초월해 인생에 새로운 의미를 부여하고 다른 경지로 나아갈 절호의 기회가 됩니다. 혹자는 믿음을 갖는 용기야말로 인간의 가장 중요한 특징이라고도 말합니다.

그렇다고 이성과 논리를 내다 버리라는 말일까요? 물론 아닙니다. 믿음과 이성이 양립 불가능할 것 같아도 사실은 상호 보완적인 관계가 될 수 있습니다. 일례로 파스칼은 논리적 차원에서 혹시 모르니까 하느님을 믿어야 한다는 주장을 펼쳤지만, 이런 추론은 마음 깊은 곳에 존재하는 믿음과 맞물립니다. <u>즉, 우리의 논리적 판단이란 옳고 그름, 이성과</u>

<u>비이성을 초월하는 영역, "다른 것을 다 떠나서 나는 무엇을 '선택할' 것인가?"라는 물음의 영역과 맞닿아 있습니다.</u>

그것은 가치관, 윤리관, 세계관, 직관, 개인적 관점, 모호성의 영역이요, 더 나아가 미美의 영역입니다. 이렇게 이성과 믿음이 공존하는 인생에서 우리는 불확실성을 수용하는 차원을 넘어 평생 불확실성을 감수하고 살 방법을 찾을 수 있을까요?

앞에서 만난 세바스찬의 이야기로 돌아가보겠습니다.

세바스찬의 고민

"이 사람이 나와 평생을 함께 할 사람인가?"

세바스찬은 결혼 문제로 거의 실존적 위기감을 느끼고 있습니다. 세바스찬의 딜레마는 우리 삶에 존재하는 근본적 불확실성의 문제라고 할 수 있습니다. "이 사람이 내가 평생을 바쳐야 할 사람인가?"는 아무도 대답할 수 없는 질문입니다.

세바스찬은 수많은 위험 요소가 존재하고 앞으로 어떤 일이 벌어질지 몰라 두렵고 망설여지지만 '그럼에도' 결혼이 바로 자신이 실현하고 싶은 결과이기 때문에 결혼을 선택합니다.

미지의 영역으로 믿음의 도약을 하는 것입니다. 뭐가 어떻게 되든 간에 사랑하는 여자친구에게 평생을 바치기로 과감하고 어찌 보면 무모한 선택을 합니다. 이것은 합리화할 수도, 설명할 수도 없는 선택입니다. 그렇게 하고 싶다는 욕망 말고는 이유가 없기 때문입니다.

이 선택은 비용편익을 분석하거나 이혼 통계를 확인해서 이뤄지는 게 아닙니다. 밤을 지새운 고민 끝에 스스로 각오하는 것입니다. 그는 지금 행복이 보장된 결혼 생활을 선택하는 게 아닙니다. 앞으로 뭐가 어떻게 될지 모르지만 결혼 생활을 선택하는 것입니다. 믿음의 도약입니다.

그런데 역설적으로 바로 이런 각오가 행복한 결혼 생활의 토대가 될지도 모릅니다. 앞으로 어떻게 될지 모른다고 솔직하게 말할 수 있으니, 오히려 마음을 열고 꾸준히 결혼 생활을 잘하기 위해 노력할 수 있습니다.

"과연 내가 결혼 생활을 잘할 수 있을까?"라는 질문이 "어떻게 하면 결혼 생활을 잘할 수 있을까?"로 바뀌는 것입니다. 미지의 영역으로 믿음의 도약을 하면 이렇게 역설적인 효과가 생깁니다. 현실에 착지해서 내 행동의 구체적 결과를 직시하게 됩니다. 세바스찬이 결혼 생활에 만족할까요, 만족하지 못할까요? 결혼을 각오한 세바스찬은 그 질문에 정해진 답이 존재하지 않고 결혼 생활의 성패를 좌우하는 것은 운명이 아니라 바로 자기 자신임을 깨닫습니다.

물론 키르케고르의 사고모델은 일상적인 문제에 적용하기에는 과할 수 있고 지금까지 합리적이고 논리적인 판단을 중시하며 살았다면 적응 시간이 필요할 수도 있습니다. 그래도 인생의 중대한 변곡점에서는 그의 사고모델이 더 현명하고 신중한 판단을 위한 지렛대가 됩니다. 마침 키르케고르가 결혼에 대해 한 말이 있습니다. "결혼은 해도 후회, 안 해도 후회, 어차피 후회하긴 매한가지다."

흐음… 후회를 피할 수 없다면 어떻게 해야 할까요?

신중한 판단을 위해서는 비용과 보상에 대한 정보가 필요합니다. 하지만 이미 말했다시피 현실에서는 웬만해서는 그런 정보를 명확히 얻을 수 없습니다. 그러다 보니 비용을 계산하고, 결과를 예측하고, 앞으로 자신이 달라지면 모든 게 또 어떻게 달라질지 추측하는 게 항상 가능하진 않습니다.

그렇다면 어차피 인생에서 어느 정도 후회는 피할 수 없다는 사실을 선선히 수용하면 어떨까요? 후회라는 것을 복잡하고 예측 불가능한 세상에서 자유의지를 가진 인간으로 살아가기 위해 내야 하는 '수수료' 정도로 생각하면요?

물론 우리는 언제나 데이터를 습득하고 배울 수 있습니다. 정보가 많아지면 '도약 거리'가 더 짧아져서 더 해볼 만해집니다. 하지만 데이터가 충분치 않거나 데이터를 의미 있게 해석할 방법이 없는 경우도 분명히 존재합니다. 그럴 때는 키르케고르가 말하는 과감한 도약이 필요합니다.

여기 라일라와 벤이라는 커플이 아이를 낳을지 말지 고민하고 있습니다. 지금까지 이야기한 것을 바탕으로 이들에게 현실적인 팁을 몇 가지 제시해보겠습니다.

팁 1

후회를 기정사실로 받아들이기

후회를 잘못된 선택의 증거나 얼마든지 피할 수 있는 결과로 생각하지 말고 어떤 선택이든 필연적으로 존재하는 한계라고 인정해보세요.

벤은 두 친구와 대화하면서 후회의 불가피성을 깨닫습니다. 한 친구는 자녀가 있고 다른 친구는 없습니다. 그런데 두 사람 다 그 무엇을 준다고 해도 자신의 선택을 바꿀 마음이 없다면서도 후회를 전혀 안 하는 것도 아닙니다.

여기서 보듯이 우리가 어떤 길을 선택하면 필연적으로 다른 길로 가는 문은 닫힙니다. '다른 문' 너머의 삶이 어땠을지는 절대로 알 수 없습니다. 선택의 본질이 그렇기에, 우리가 어찌할 수가 없습니다.

팁2

무엇을 감수할지 선택하기

어차피 후회는 찾아올 테니까 질문을 바꿀 필요가 있습니다. "무엇을 선택할 때 장점이 더 많은가?"라고 묻지 말고 "어떤 '단점'을 더 잘 감수할 수 있겠는가?"라고 물어야 합니다. 무엇을 선택하든 단점은 있을 수밖에 없고, 그렇다면 어떤 단점을 더 잘 버텨낼 수 있을지 생각해보자는 말입니다.

벤과 라일라는 "우리가 가장 후회할 일은 무엇일까?"라고 묻습니다. 아이를 안 낳으면 아이를 낳았어야 했다고 후회할 것이고, 아이를 낳으면 낳지 말았어야 했다고 후회할 것입니다. 둘 중에서 어느 쪽이 더 참을 만하고 서서히 무뎌질지 생각해봐야 합니다.

어느 쪽을 선택하든 부정적인 면이 존재합니다. 아이가 없으면 외롭고 허전하고 가족 중심적인 사회에 맞지 않는다는 느낌이 들 수 있고, 아이가 있으면 경제적 부담이 커지고 심신이 지치고 관계에서 오는 스트레스가 커질 수 있습니다. 어느 쪽이 더 나쁠까요?

선택은 좋은 것만 아니라 나쁜 것도 수용하는 행위입니다. 그렇다면 어떤 단점을 더 잘 견딜 수 있을지 생각해보세요. 인생에서 중대한 결정을 내릴 때는 반드시 감수해야 하는 것이 존재합니다. <u>무엇을 기꺼이 감수하겠습니까?</u>

팁3

완벽한 정보 수집에 집착하지 않기

정보를 최대한 확보했으면 이제 선택해야 합니다.

불완전한 정보로도 현명하고 건전한 선택을 할 수 있습니다. 그렇게 생각하면 완벽하게 정보를 수집해야 한다는 현실성 없는 생각에서 벗어날 수 있습니다. 그러지 않고 자꾸만 고민하고 걱정하면서 한도 끝도 없이 '조사'만 해봤자 헛수고입니다.

벤과 라일라는 아이를 낳을지 말지 몇 달간 심사숙고하며 열심히 정보를 수집한 후 이만하면 됐다고 선언합니다. 완벽하게 정보를 수집하지 못했다고 해서 잘못된 게 아닙니다. 원래 그런 겁니다.

팁4

믿음의 도약하기

과감히 선택하세요. 잘못된 선택을 할 수도 있겠죠. 그래도 어쨌든 결정은 내려야 합니다. 정보를 수집하고 분석했으면 이제 직감을 믿고 저지르세요.

알고 보니 벤과 라일라에게는 어차피 선택의 여지가 없었습니다. 어느새 라일라가 임신을 했던 것입니다. 이제 두 사람은 함께 도약합니다(혹은 절벽으로 떠밀렸다고 해야 할까요?). 사람들은 자신이 운명의 주인이라고 생각합니다. 하지만 살다 보면 이렇게 나를 초월하는 섭리가 알게 모르게 작용하고 있는 것처럼 느껴질 때도 있습니다.

벤과 라일라는 아이를 낳기로 한 후 생각보다 마음이 편해서 놀랍니다. 물론 전보다 인생의 불확실성이 커지긴 했습니다. 하지만 역설적으로 그들이 선택한 길에 대한 믿음은 더 강해졌습니다. 이게 다 어찌 된 영문인지 알 수는 없습니다. 하지만 살다 보면 중대한 결정이 이런 식으로 풀릴 때가 얼마나 많던가요?

내가 아는 세계만이 정답인 것 같을 때

✣

플라톤처럼
동굴에서 나오기

"시작이야말로 모든 일에 있어
가장 중요한 부분이다."

플라톤

2000여 년 전에 플라톤은 동굴에 갇힌 죄수의 비유를 들어 지식과 현실에 관해 말했습니다. 그의 저서 《국가》에 이렇게 나옵니다.

"사람들이 지하 동굴처럼 생긴 곳에 갇혀 있다고 해보세. 이 동굴의 입구는 길고 동굴 전체의 너비만큼 빛을 향해 열려 있지. 그 사람들은 어릴 때부터 다리와 목이 결박돼 있어서 고개를 돌리지 못한 채 정면만 봐야 해."

그들의 뒤편에는 밝게 타오르는 장작불이 있고 불 앞에서 인형극을 하는 사람들이 이런저런 모양으로 벽에 그림자를 드리웁니다. 동굴 속 죄수들은 벽에 생기는 그림자만 볼 수 있으며, 그것이 '현실'이라고 생각합니다. 그들은 인형극 하는 사람들, 불, 바깥세상의 존재를 전혀 모릅니다. 그들이 아는 세계는 눈앞의 그림자뿐입니다.

아래는 자르 뱅크스Tsar Banks가 FYI에 올린 그림으로 이 가상의 동굴이 어떻게 생겼을지 보여줍니다.

플라톤은 이 죄수 중 한 명이 동굴에서 탈출한다면 어떻게 될지 생각해보라고 말합니다. 그 죄수는 태양, 나무, 풀밭 등을 볼 것입니다. 그것은 모두 그림자가 아니라 '진짜'입니다. 그러면 이전까지 현실인 줄로만 알았던 세계를 어떻게 생각하게 될까요? 그리고 여전히 동굴에 갇혀 있는 사람들에 대해서는 어떻게 생각할까요?

이 탈옥자가 다시 동굴로 가서 밖에서 본 것을 말한다고 해도 다른 죄수들이 믿으란 법이 없습니다. 왜 믿어야 하죠? 자신들이 '아는' 현실과 정반대되는 말을 하는데 미쳤다거나 헛것을 봤다고 치부하겠죠. 탈옥자는 그들의 세계관이 너무 협소해서 직접 동굴 밖으로 나가기 전에는 마음이 바뀌지 않으리라고 생각합니다.

이 이상한 비유의 요점이 무엇일까요? 사실 플라톤의 원전에서는 더 자세한 이야기를 통해 여러 철학 개념을 설명하지만 그것을 일일이 논하는 것은 이 책의 범위를 넘어서는 일입니다. 그래도 위와 같이 압축된 이야기에서 배울 점이 있습니다. <u>우리도 동굴 속 죄수들처럼 얼마든지 '나만의 현실'에 갇힐 수 있다는 사실입니다.</u> 죄수들은 진짜 현실을 모른 채 어둑하고 평면적인 그림자를 현실로 착각합니다. 자신들이 무엇을 모르는지를 모릅니다.

이 동굴 비유는 플라톤의 의도와 달리 맹목적으로 대세를 추종하는 태도의 위험성을 지적하기 위해 사용되기도 합니다. 동굴을 벗어날 때 남들이 보지 못하는 세계를 보고 계몽된 소수가 될 수 있다는 논리입니다. 하지만 플라톤은 자기계발 강사가 아니었고 동굴 비유도 안전 지대를 벗어나라고 촉구하는 TED 강연이 아니었습니다. 이 비유의 본질은 진짜 '지식'을 습득하기가 얼마나 어려운지 보여주는 것입니다.

혹시 우리의 세상에도 그냥 원래부터 그런 것이라고 당연하게 여기는 게 있진 않을까요? 우리가 애지중지하는 신념이 전부 벽에 비친 그림자는 아닐까요? 지금 사슬에 묶인 죄수 신세인 줄도 모르고 내가 고개를 돌릴 수 있다는(다시 말해 관점을 바꿀 수 있다는) 생각조차 못 하는 것은 아닐까요?

보인다고 다 현실이 아닙니다. 말한다고 다 현실이 아닙니다. 우리의 인지모델, 신념, 가정, 희망도 다 현실이 아닙니다.

의사 결정이란 측면에서 보자면 이 동굴 비유는 우리가 당연히 진실이라고 생각하는 게 무조건 진실은 아니라는 사실을 일깨워줍니다. 우리는 어떤 전제를 과연 옳은지, 혹은 어디서 비롯됐는지 따져보지 않은 채 막연히 옳다고 생각하고 있을지 모릅니다. 플라톤은 표층 밑의 현실을 탐구한 철학자로, 그의 '형상론'은 현실의 피상적 형태에 현혹되기 쉬운 인간의 한계를 넘어선 '누스(nous, 이성과 지성)'를 추구합니다.

이 개념을 샘의 의사 결정 사례에 적용해보죠.

샘의 고민

"대학교에서 무엇을 전공할까?"

샘은 대학교에서 무엇을 전공할지 고민 중입니다. 그는 장래에 취업 시장에서 경쟁력을 발휘할 수 있도록 수요가 많은 기술을 습득하는 게 현명하고, 금융 분야를 선택하면 큰돈을 벌어서 자신이 그토록 원하던 경제적 자유를 성취할 가능성이 커진다는 것을 알고 있습니다.

그런데 또 한편으로는 자신이 예술에 소질이 있어서 디자인이나 미술 쪽으로 가면 만족과 보람을 느낄 것도 알고 있습니다. 그런 일은 돈벌이가 잘 안 되긴 해도 금융권의 뻔한 일보다 재미있고 또 어떤 면에서는 더 고결한 일이라는 것도 압니다.

여기까지 읽은 사람 중에는 샘이 예술을 택해서 자아를 실현하고 행복하게 사는 게 마땅하다는 것을 <u>아는</u> 사람이 있을 것입니다. 또 어떤 사람은 지금과 같은 경제 구조에서 예술이라는 허상을 좇아 잘 먹고 잘살 기회를 차버리는 게 미친 짓이라는 것을 알 것입니다.

샘이 결정을 내릴 방법은 얼마든지 있습니다(이 책에서도 그 방법 중 일부를 설명했습니다!). 하지만 플라톤은 더 근본적인 물음으로 파고듭니다. 과연 우리가 샘의 상황에서 진실이라고 '아는' 게 정말로 진실일까요? 우리가 그런 것을 정말로 안다고 말할 수 있을까요?

피상적 차원을 넘어서기 위해 꼭 답해야 할 중요한 질문이 몇 가지 있습니다.

내가 보는 건 그림자가 아닐까?

샘은 자신이 읽는 뉴스, 자신이 하는 대화, 자신이 보는 SNS, 자신이 속한 집단, 자신이 태어난 나라, 자신이 자란 가정 등이 어떻게 자신에게 이런저런 관점을 형성했는지 생각해봅니다.

만일 샘이 돈 때문에 가족과 자주 다투고, 세상의 어두운 면을 보도하는 뉴스를 주로 보고, 예술은 배고픈 것이라는 경고를 종종 들었다면 그로 인해 돈이 세상의 중심이고 돈이 있어야 의미 있거나 안정적인 삶을 살 수 있는데, 돈을 벌기가 쉽지 않은 게 '현실'이라는 관점이 형성됐을 가능성이 큽니다.

반대로 평소에 SNS에서 창조적인 예술가들을 팔로우하고 상담사에게 매번 자아실현을 강조하는 말을 들었다면 그가 보는 '현실'은 전혀 다를 것입니다.

그런 세계관 혹은 관점이 옳은지 아닌지 따지자는 게 아닙니다. 그래봤자 동굴 속에서 이 그림자가 맞느니 저 그림자가 맞느니 하는 것밖에 안 됩니다. 관건은 동굴을 벗어날 방법을 생각해보는 것입니다. 가족, 미디어, 문화 등의 강한 영향력에서 벗어나면 무엇이 보일까요? 그간 주입된 온갖 견해를 제거했을 때 드러나는 현실은 무엇일까요?

등한시하거나 무시하는 관점이 있진 않은가?

플라톤이 말한 동굴 속 죄수들은 사슬에 묶여서 정면만 볼 수 있습니다. 우리의 정신적 습관과 게으른 편견도 그런 사슬이 될 수 있습니다. 물론 벽과 그림자는 실제로 존재하는 것입니다. 문제는 그 그림자가 '유일한' 실체라고 믿는 태도입니다. 그 외에 다른 것은 못 보는 것이죠.

샘은 생각보다 다양한 관점에서 자신의 딜레마를 볼 수 있다는 사실을 깨닫습니다. 정말로 금융과 예술 중에서 하나만 선택해야 하는가? 정말로 돈과 꿈 중에서 하나만 택해야 하고 금융계 직업은 무조건 안정적이고 예술계 직업은 무조건 보람을 주는가? (모 아니면 도라는 생각의 함정에 관해 세바스찬과 이야기해보면 좋겠군요!)

그런 식으로 따져보자 샘은 자신이 그 밖의 많은 직종과 전공을 무시하고 있었다는 사실을 알게 됩니다. 그리고 이 문제를 이분법적으로 볼 게 아니라 경제력과 창조력을 '결합'할 방법도 있음을 깨닫습니다. 예를 들면 광고계에 입문하거나 애니메이터나 미술품 중개인이 되는 것입니다.

사실과 허구를 명확히 구별했는가?

많은 사람이 현실을 '설명'하겠다면서 복잡한 이야기를 만들어내고는 자신이 사실만 말하고 있다고 착각합니다. 플라톤의 동굴에서 벽에 비친 그림자는 만들어진 것입니다. 허구입니다. 하지만 그 그림자만 열심히 보면서 의미를 부여하면 어느새 그게 진실로 느껴집니다.

그래서 우리는 정신을 똑바로 차리고 무엇이 순수한 사실이고 무엇이 지어낸 이야기인지 분간해야 합니다. 무엇이 의견, 추측, 해석입니까? 특히 무엇이 '나'의 의견이고 무엇이 남의 의견인지 따져봐야 합니다.

그렇게 생각하자 샘은 각종 직업에 대한 자신의 가정이 그저 친구나 가족의 말이나 속설에 근거했다는 사실을 깨닫습니다. 자신의 신념 중에 확실한 증거로 뒷받침되는 것을 찾아보지만 찾을 수 없습니다. 다시 말해 그가 '안다'던 것은 사실 전부 게으른 편견과 남에게 들은 가정에 지나지 않았습니다.

그러면 이제 어떻게 해야 할까요? 일단 실제 데이터를 수집할 필요가 있습니다. 그러면서 세상에 관한 진실일 수도 있는 것과 지어낸 이야기나 의견(즉, 벽에 비친 그림자)을 철저히 구별해야겠죠. 그래서 샘은 직업 만족도, 전공별 취업률, 직종별 평균 임금, 경력 개발 경로 등에 관한 통계와 정보를 수집합니다.

그래서 '의견'이 아닌 객관적 사실을 근거로 각 진로에 어떤 장단점과 기회가 존재하는지 파악합니다. 물론 완벽하게 할 수는 없습니다. 결국에는 자신이 예측하거나 확신할 수 없는 요소도 있다는 점을 인정해야 합니다.

그래도 현재 자신의 진짜 상황을 최대한 탐색해볼 수는 있습니다. 이때 이런저런 기회와 위험 요소가 보일 텐데 그중에서 무엇이 진짜이고 무엇이 그림자인지 구별하는 것은 의미 있는 일입니다. <u>동굴을 나서기만 해도 대단하긴 하지만, 우리는 그저 현실을 보는 데서 멈추지 말고 그 속으로 파고들어야 합니다.</u> 말하자면 동굴을 나와서 '현실 세계'를 발견한 것에 만족하지 말고 그 세계의 법칙과 이치를 탐구해야 한다는 것이죠.

위험 요소의 그림자 대신 실제 위험 요소를 본다고 무슨 큰 차이가 있겠나 싶겠지만 실제로는 차이가 매우 큽니다. 많은 사람이 그림자에 지나지 않는 것에 얽매여서 인생을 허비합니다. 그들은 결정을 내릴 때 동굴 벽처럼 평면적인 생각에 갇혀 있습니다. 아니, 어떻게 보면 그들은 좋고 나쁘고를 떠나서 애초에 어떤 결정도 내리지 못합니다. 현실을 살고 있지 않기 때문입니다.

동굴 밖 세상이 낙원은 아니고, 그 세상을 발견했다고 눈이 번쩍 뜨이는 기분이 들지 않을 수도 있습니다. 그래도 동굴 밖 세상을 탐색하면 현실 감각이 깨어나고, 현상의 의미를 더 깊이 보는 안목이 생기며, 자기객관화를 더 잘하게 됩니다.

샘은 오랫동안 진로를 고민하던 중에 플라톤의 동굴 비유를 생각하자 중대한 질문을 마주합니다. 만일 모든 생각, 가정, 설명, 정당화 논리가 벽에 비친 그림자에 불과하다면 '진짜'는 무엇인가? 그는 행동, 곧 경험이 진짜라고 답합니다. 더 구체적으로 말하자면 과감히 현실로 들어가서 행동하고 그 결과에서 교훈을 얻은 후 다음 행동에 나서는 것입니다.

어떻게 보면 이 책도 벽에 비친 그림자와 같습니다. 여기서 다룬 모든 사고모델, 사상, 이론은 사실 종이 위에 찍힌 점에 불과합니다. 남들이 하는 말일 뿐입니다. 그래도 그 말은 동굴 밖에 나갔던 사람들이 돌아와서 무엇을 봤는지 설명하는 말입니다. 그들의 말이 진실인지 어떻게 알 수 있을까요? 플라톤은 한 가지 방법밖에 없다고 말할 것입니다.

여기 실린 동굴 밖 세상에 관한 이야기, 즉 사고모델은 실제로 작동될 때 비로소 의미가 생깁니다. 다시 말해 '나'의 세상에서 '나'의 행동으로 발현돼야만 쓸모가 있습니다.

그래서 이제 우리는 모순에 직면했습니다. 이 책을 시작하면서 우리는 저 옛날부터 인간을 괴롭혔던 질문을 던졌습니다. "나는 어떻게 해야 하는가?", "최선의 행동을 하려면 어떤 의사 결정 과정을 거쳐야 하는가?"

그리고 한참을 돌고 돌아서 우리가 찾은 답은 '<u>행동이 곧 최선의 의사 결정 과정</u>'이라는 것입니다. 지금까지 소개한 사고모델 중에서 무엇이 나에게 통하고 무엇이 통하지 않을지는 미리 알 수 없습니다. 인생이라는 실험실에서 직접 테스트해보는 수밖에요. 동굴을 나와서 바깥에 무엇이 있는지 봐야 합니다. 나에게 가장 잘 맞는 사고모델은 스스로 만들어야 합니다. 그것은 노력과 학습의 산물입니다.

요약

- 뱀파이어 비유에 따르면 변혁적 변화는 우리가 어떻게 반응할지 예상할 수 없는 변화이기 때문에 인식론적 맹점에 해당합니다. 그리고 어떤 선택을 했을 때 우리가 어떻게 변할지 미리 다 알 수 없으므로 모든 선택에는 미지의 요소가 존재합니다. 우리가 어떤 선택을 한 후 그것을 어떻게 평가할지는 실제로 선택을 한 후에만 알 수 있습니다. 그러니 선택을 너무 미뤄서는 안 됩니다.

  불확실성 앞에서 우리가 할 수 있는 일은 내 지식의 빈틈을 솔직히 인정하고, 최대한 조언과 정보를 얻고, 순간의 선택이 인생을 좌우하진 않는다는 사실을 명심하고, 일단 선택했으면 과감히 행동하는 것입니다. 인생은 수많은 선택의 연속입니다. 그러니 선택을 너무 두려워하지 않아도 됩니다. 대신 선택 후 발생할 수 있는 만일의 사태에 대비한 계획을 세우세요.

- 키르케고르는 이성과 경험적 증거를 초월하는 것을 모두 수용하고 믿음의 도약을 하라고 말합니다. 믿음은 이성으로 확실히 설명할 수 없는 것을 선택하는 것입니다. 어쩌면 믿음이야말로 진정한 자유의 열쇠일지 모릅니다. 이성을 넘어서는 주관적 경

험도 가치가 있습니다.

Φ 플라톤의 동굴 비유는 가정, 신념, 의견을 선뜻 현실로 받아들이는 행위의 위험성을 경고합니다. 우리는 자기도 모르게 거짓 '현실'에 갇힐 수 있습니다. 보인다고 다 현실이 아닙니다. 우리의 인지 모델, 신념, 가정, 희망도 다 현실이 아닙니다. 그러니까 우리는 항상 증거를 찾아야 합니다. 사실과 사실이 아닌 것을 최대한 명확히 분간해야 합니다. 내가 아는 게 전부라고 착각하지 말아야 합니다.

에필로그

:

생각은 실험이고,
삶은 실천이다.

우리는 여태까지 많은 철학자의 사고모델을 함께 들여다보았습니다.

모든 것을 의심하라고 말한 데카르트, 되풀이될 삶이라면 이 순간을 어떻게 살겠는가를 묻는 니체, 자연스러운 흐름에 삶을 맡기라는 노자, 믿음과 불확실성 사이에서 줄타기를 한 파스칼, 믿음의 도약을 감행하라던 키르케고르, 보이는 게 전부는 아니라는 플라톤의 동굴까지.

그들은 각자의 시대를 살아가며 삶을 이해하려는 도구,

즉 '생각의 렌즈'를 만들어냈습니다. 이 렌즈들은 서로 충돌하기도 하고, 상보적이기도 합니다. 어떤 렌즈는 도덕을 강조하고, 어떤 렌즈는 현실적 효용에 무게를 둡니다. 하나의 렌즈만으로는 결코 세상을 온전히 볼 수 없기에 우리는 다양한 렌즈를 돌려 끼우며 '아, 이거다!' 싶은 순간을 경험해보았습니다.

하지만 이 책이 전하고자 한 가장 중요한 메시지는 따로 있습니다. 행동이 곧 최선의 의사 결정 과정이라는 것, 그리고 사고모델은 책 속에서가 아니라 우리의 삶 속에서 비로소 빛을 발한다는 것입니다.

삶은 늘 불확실하고, 선택의 순간은 끝없이 찾아옵니다. 그럴 때마다 우리는 '옳은 결정'을 하려 애쓰기보다, 내가 어떤 렌즈를 쓰고 있는지, 혹은 어떤 렌즈를 아직 시도해보지 않았는지를 스스로 묻는 일이 더 중요할지도 모릅니다.

모든 생각에는 틈이 있고, 모든 렌즈에는 왜곡이 있다는 사실을 인정하는 것. 그것이 성숙한 지성의 출발점일 겁니다. 이제 책장을 덮고 현실로 나아가야 할 시간입니다.

당신은 어떤 렌즈를 들고 나가시겠습니까?

그리고 오늘, 어떤 결정을 통해 당신의 철학을 살아내시겠습니까?